...aber sie arbeiten doch!

FrauenStandPUNKT
DRUCKsache

Juliane Beer

...aber sie arbeiten doch!

Alphabet der linken Liebe zur Lohnarbeit

FrauenStandPUNKT
DRUCKsache

Die Deutsche Bibliothek verzeichnet diese Publikation in der Deutschen Nationalbibliografie.
Detaillierte bibliografische Daten sind im Internet abrufbar unter http://dnb.d-nb.de

Besuchen Sie uns im Internet:
https://frauenstandpunkt.blogspot.com

1. Auflage Dezember 2019

Korrektorat: Christoph Neuhaus
Herstellung und Verlag: BoD-Books on Demand, Norderstedt
ISBN 9783 750 42 5514

Was man erwarten darf

Arbeit Was ist das?
B gebraucht werden
Christlich sein
Disziplin
Europa
Flüchtlinge
Gesundheit
Hartz IV
Investmentkapital
J in die Jahre kommen
Kommunismus
Linke und LINKE
Männliches (lohn)arbeiten
Nationalsozialismus
Open Border
Produktionsmittel
Quote
Reiche
Sozial ist, was Arbeit schafft
Tabletten
Ueberlieferung
Vordenker
Weibliches Lohnarbeiten
X,Y Arm und nie sexy
Zupacken

Zunächst: viele Fragen sowie ein paar Behauptungen

„Das Heiligste, das der Deutsche hat, ist die Arbeit“*, sagte Kurt Tucholsky und bemängelte den Fleiß der GermanInnen im Weiteren als „unangenehme Angewohnheit“.
*Zitat, 1925 in der „Weltbühne“ unter Tucholskys Pseudonym Ignaz Wrobel erschienen

Doch hat sich Tucholsky alias Wrobel hier nicht missverständlich ausgedrückt?
Arbeit ist das Heiligste der Deutschen?
Das wirft Fragen auf.
Zum Beispiel die nach der Gleichberechtigung. Warum duldet man im Deutschland der gleichen Rechte für alle, dass reiche ErbInnen, reich Geborene oder LottogewinnerInnen, kurz Menschen, die sich aufgrund verschiedener Umstände nicht durch Lohnarbeit über Wasser halten müssen, aus dem heiligen Nationalbund ausgeschlossen werden?
Gerade links und linksliberal denkende Deutsche stürmen gegen jede auch nur

vermutete Ausgrenzung sogleich auf die Straße, bewaffnet mit Demo-Transparent und Lautsprecher, und erwarten dies auch von ihren ZeitgenossInnen.
Wie kann es also sein, dass man zahllose MillionärInnen nicht am heiligen Akt des Mülltonnen-Ausleerens, Treppenaufgänge-Schrubbens, Toiletten-Putzens oder Chemieabfälle-Entsorgens teilhaben lässt und dennoch niemand eine Solidaritätskundgebung für die Ausgegrenzten organisiert?
Warum schließt man ErbInnen und LottogewinnerInnen vom verehrungswürdigen Vorsprechen bei einer Zeitarbeitsfirma zwecks Fürbitte, schmutzige Lohnarbeit für wenig Gehalt verrichten zu dürfen, aus?
Heiligkeit beschreibt man auch als die Wesensart, die sich an der Reinheit erfreut und das Böse zurückweist. Haben Reiche es also nicht verdient, im Himmel zu landen, wenn es mit ihnen zu Ende ist?
Gut, wer in der Hölle landet (was und wo immer diese sein mag) und wer im Himmel, werden wir auf Erden nicht erfahren. Sich mit diesem Punkt zu befassen, gar zu einer Erkenntnis gelangen zu wollen, darf somit als Verschwendung der Zeit, die man nach

Meinung der Deutschen zum Lohnarbeiten nutzen sollte, bezeichnet werden.
Was wir uns aber fragen dürfen, weil es eine mögliche Antwort gibt: Ist Arbeit wirklich das Heiligste der Deutschen? Ist Arbeit beziehungsweise der Lohnarbeitsimperativ nicht vielmehr von jeher der Deutschen unheilbare Zwangsneurose, ihre schärfste Waffe und erfolgreichste Disziplinierungsmaßnahme? Ihr Synonym für Gehorsam?

Das revolutionäre Subjekt und die Linke

Der Sozialstaat ist eine postmoderne Gesellschaftsform; während der längsten Zeit in der Geschichte der Lohnarbeit gab es kein Sozialsystem und keine Erwerbslosenunterstützung, nicht einmal oder kaum Gesetze zum Schutz der Lohnarbeitenden.
In der Geschichte der Linken ab dem Zeitalter der Industrialisierung stellte der lohnarbeitende Mensch das revolutionäre Subjekt dar, das gegen die Herrschaft des Unrechts, des Geldes, des Kapitals aufstehen sollte (!), weil es musste, um nicht zu verelenden. Dass aus der Weltrevolution dennoch nichts wurde ist bekannt, ebenso, dass Lohnarbeitende nicht

hungrig bleiben wollten, um nach Plan der Linken gegen die Herrschaft des Kapitals aufzustehen. Aufstieg und der damit verbundene höhere Lebensstandard und Konsum erschienen der LohnarbeiterInnenschaft attraktiver.
Heutzutage ist das revolutionäre Subjekt der nicht lohnarbeitende Mensch, denn der lohnarbeitende Mensch ist vieles, aber sicher nicht revolutionär. Der lohnarbeitende Mensch hält die bürgerliche Gesellschaft zusammen, von ihm wird Moral und Verantwortungsgefühl innerhalb der Logik des Systems verlangt, und im Gegensatz zu ArbeitskraftnehmerInnen (heutzutage bezeichnenderweise ArbeitgeberInnen genannt) liefert er ausnahmslos, sonst wäre er nicht länger Lohnarbeitender.
Der nicht lohnarbeitende Mensch aber ist subversiv; wären alle wie er, würde die kapitalistische Ordnung aus den Fugen geraten, weshalb seit der Industrialisierung das Ziel besteht, den lohnarbeitenden Mensch durch Maschinen zu ersetzen.
Der nicht lohnarbeitende Mensch ist jedoch ein tragisches subversives Subjekt, denn es genießt von Links über Konservativ bis hin zu Rechts weder Beifall noch Unterstützung. Nicht einmal untereinander

können sich lohnarbeitslose subversive Subjekte gegenseitiger Solidarität sicher sein.
Die Linke behauptet, die herrschende kapitalistische Ordnung umkrempeln zu wollen und meint darüber hinaus, mit Lohnarbeitenden solidarisch zu sein - also mit denen, welche die kapitalistische Ordnung am Laufen halten.
Digitalisierung, Ausbau von künstlicher Intelligenz, Industrie 4.0 – in Zukunft werden zahllose Arbeitsschritte nicht mehr von Menschen verrichtet werden.
Die Linke hält an der Lohnarbeit fest, erklärt Lohnarbeitende noch immer zu revolutionären Subjekten, ist daran interessiert, dass sie fortfahren, Lohnarbeit zu verrichten, um somit das System zu stabilisieren, das Linke nach eigener Angabe stürzen wollen.

In absoluten Zahlen haben Menschen weltweit in den vergangenen Jahrzehnten von steigender Produktivität und Automatisierung profitiert. Gleichzeitig geht die sogenannte Schere zwischen arm und reich immer weiter auseinander. Durch Lohnarbeit wird kaum jemand (mehr) reich.
Die Linke würdigt das lohnarbeitende Individuum nicht, das lohnarbeitende

Individuum soll Lohnarbeit verrichten und fertig; dafür, dass Lohnarbeit weiter zur Verfügung steht, will die Linke kämpfen. Dafür sollen Lohnarbeitende die Linke würdigen beziehungsweise die Partei Die LINKE wählen.

Fachkräftemangel?

Fachkräftemangel ist ein deutsches Schlagwort der letzten Jahre.
Warum fehlen Menschen, die aufgrund einer entsprechenden Ausbildung fachlich kompetent sind, beziehungsweise warum fehlen junge Menschen, die sich ausbilden lassen wollen?
Beispiel Pflegebereich: Es findet sich kaum deutscher Nachwuchs. Die Arbeit ist hart, körperlich anstrengend, seelisch belastend und mies bezahlt.
Warum sollte eine junge Frau diesen Beruf erlernen wollen, nachdem sie zu Hause über Jahre miterlebte, dass die Rente der Großmutter, die als Altenpflegerin schuftete, nicht mal bis zum Monatsende reicht - die betagte Frau also nach Lohnarbeitsleben, zumeist gekoppelt an Haushaltspflichten und Kindererziehung bei einer sogenannten Tafel um Lebensmittel betteln muss? Bei der Bäckerin, Metzgerin,

Friseurin und Verkäuferin sieht es nicht besser aus.
Viele, die in Deutschland dennoch eine Pflegeausbildung absolviert haben, suchen das Weite. Schon hinter der nächsten Landesgrenze geht es ihnen besser als zu Hause. In Deutschland hat eine Pflegekraft im Schnitt 13 PatientInnen zu betreuen. In der Schweiz dagegen nur 8, in den Niederlanden 6,9 und in den USA sogar nur 5,3 (Stand 2018, Quelle: Statista.com). Besser bezahlt als in Deutschland wird in allen genannten Ländern ebenfalls.
Mögliche Lösungen, um dem Problem beizukommen, wären, die Löhne zu erhöhen, und zwar radikal und nicht nur bis zur Meuterei-Schutz-Grenze. Oder bestmögliche Lohnarbeitsbedingungen zu schaffen. Oder eine menschenwürdige Rente zu garantieren. Oder ein bedingungsloses Grundeinkommen einzuführen (das bedeutet, dass jeder und jedem bedingungslos, also ohne Gegenleistung ein Einkommen ausgezahlt wird). Und es gäbe vermutlich noch viele weitere Möglichkeiten, relevante Lohnarbeit beziehungsweise die, die sie verrichten, zu würdigen. Der Phantasie sind schließlich auch keine Grenzen gesetzt, sobald es darum geht, Lohnkosten einzusparen oder

Menschen zu unattraktiver Lohnarbeit zu zwingen.

Dazu ein paar Zahlen aus dem Jahr 2018: Bundesweit verdienten 4,14 Millionen Menschen – 19,3 Prozent der Vollzeitbeschäftigten – weniger als 2203 Euro brutto im Monat, wie aus der Antwort des Bundesarbeitsministeriums auf eine Kleine Anfrage der Linke-Bundestagsabgeordneten Susanne Ferschl hervorgeht. Bei 2203 Euro monatlich liegt die Niedriglohngrenze.

Seltsam, dass in einem Land, in dem „händeringend" Fachkräfte gesucht werden, so mit fast 20 % der LohnarbeiterInnen umgegangen wird.

Noch einmal zurück zum deutschen Pflegelohnarbeitsmarkt. Was wird aktuell unternommen, um sicherzustellen, dass Deutschland das Personal nicht ausgeht?

Die Pflegeausbildung ist neuerdings kostenfrei, Löhne werden um ein paar Euro „angepasst" und in Osteuropa werden Pflegeschulen errichtet.

Gesundheitsminister Spahn besuchte im Sommer 2019 mit einem Kamerateam eine solche und schien zufrieden. Dass Fachkräfte später in osteuropäischen Ländern fehlen, scheint er nicht als deutsches Problem anzusehen.

Und noch einmal zurück zu den sogenannten ausbildungsunfähigen Jugendlichen. Die Generation Hartz IV wird erwachsen. Es sind Menschen, die unter Umständen von klein auf an nichts anderes gewöhnt wurden, als an Verzicht, ungesunde Ernährung, Ausgrenzung in der Schule (weil zu Hause das Geld für zeitgemäße Kleidung, Freizeitaktivitäten und kulturelle Bildung fehlte) sowie an gesellschaftliche, politische und mediale Verachtung und Entwürdigung ihrer Eltern, die aufgrund von Rationalisierungsmaßnahmen erwerbslos wurden, erwerbsunfähig waren oder sich aber vergeblich um neue Lohnarbeit bemühten. Beim Feldzug gegen Erwerbslose hat eine Nation mit das Kostbarste in Sippenhaft genommen: den eigenen Nachwuchs.
Warum sollten diese Jugendlichen den Drang verspüren, der Gesellschaft etwas zurückgeben zu wollen, beispielsweise durch Ausbildung und Lohnarbeit im sozialen Bereich?
Und schließlich: Flexible junge Fachkräfte verlassen das Land. Wer jedoch in einem nicht geringen Maße zur Verfügung steht sind erfahrene Fachkräfte über 55, und zwar

sehr häufig Frauen, die trotz Qualifikationen im Sozialleistungsbezug stecken.
Hin und wieder blitzt das Thema in den Medien auf. Eine kurze Reportage darüber, dass eine Firma sich „getraut“ habe, ein paar SeniorInnen einzustellen und diese tatsächlich monatelang ohne Krankschreibung durchhielten – und schon ist wieder Pause in Sachen Berichterstattung über Neuanstellungen ü55. Passt das nicht zum deutschen Fachkräftemangel-Alarm?

Und zukünftig?

Bestimmte Lohnarbeitsplätze werden in Zukunft Geschichte sein.
Weltweit wird an selbstfahrenden Verkehrsmitteln getüftelt. Auf dem Berliner Charité-Gelände fahren Testbusse ohne FahrerIn. Wenn sich zeigt, dass der Computer verkehrssicherer ist als der Mensch – wohin mit tausenden von Bahn-, Bus- und TaxifahrerInnen?
Auch keine Science Fiction mehr: Pflegeroboter. In Japan sind sie bereits am Werk.
Oder Supermärkte: weltweit gibt es in zahllosen Läden bereits Selbstbedienungskassen. Oder ein aktuelles

Streitthema: Braunkohlebergbau. Keine Branche mit Zukunft.
Für Betätigungen, die einfache Anforderungen an den Menschen stellen, sind Computer und Roboter bereits heute überqualifiziert. Und verursachen keine Lohnkosten.
Wie fühlen sich Menschen, die diese Tätigkeiten bislang erledigten und aus verschieden Gründen für Jobs, die gefragt sind, nicht geeignet sind?
Solange ihnen weiter eingeredet wird, Lohnarbeit sei ein fester Bestandteil des Lebens und jemand, der keine Lohnarbeit ausübe sei nichts wert, fühlen sie sich vermutlich schlecht.

Die Linken

Zahlreiche parteilose Linke und Mitglieder der Partei Die LINKE, darunter erklärte MarxistInnen, wollen das Land volllohnarbeiten sehen.
Und wenn bestimmte Lohnarbeiten überflüssig sind oder werden?
Haben die Linken und LINKEN, die auf Lohnarbeit für alle setzen, Marx gelesen?
Es ist kein Geheimwissen, dass Marx sich widersprüchlich zur Lohnarbeit äußerte.
MarxistInnen sollten das eventuell wissen,

für alle Nicht-MarxistInnen, die es nicht wissen, weil sie Marx nicht gelesen haben, was kein Vergehen darstellt, komme ich weiter unten genauer darauf zu sprechen. Die Haltung der humanistischen, emanzipatorischen, gerechtigkeitsliebenden deutschen Linken und LINKEN, die sich auf Marx berufen, könnte somit auf einem Missverständnis beruhen?

Die Linke und die Partei Die LINKE und das bedingungslose Grundeinkommen

Denkt man darüber nach, wie auf die Automatisierung bestimmter Lohnarbeitszweige reagiert werden könnte und wie verbleibende, relevante Lohnarbeit so attraktiv wie möglich für die, die sie verrichten, gestaltet werden müsste, kommt man an der Idee des bedingungslosen Grundeinkommens zumeist nicht vorbei. In diesem Buch wird es jedoch nicht in erster Linie darum gehen, es wird vielmehr um die Metaebene des bedingungslosen Grundeinkommens, die Lohnarbeit, gehen. Zum bedingungslosen Grundeinkommen ist in den vergangenen Jahren viel geschrieben worden, im Anhang findet man eine Auswahl interessanter Artikel, Broschüren und Bücher zum Thema.

Im folgenden werde ich dem bedingungslosen Grundeinkommen und dem linken Blick darauf lediglich zum besseren Verständnis dieses Buches einen Abschnitt widmen.

Wie steht die Partei Die LINKE zum bedingungslosen Grundeinkommen?
Immer wieder hört und liest man, sie befürworte es.
Sie befürwortet es in großen Teilen nicht.
In Anbetracht dessen, dass die LINKE sich in großen Teilen auch nicht mit denen solidarisiert, die Notwendigkeit und Sinn der Lohnarbeit hinterfragen, beziehungsweise Lohnarbeit freiwillig oder unfreiwillig nicht ausüben und somit das bestehende System (das die LINKE nach eigener Aussage radikal umkrempeln möchte) stürzen könnten, verwundert das nicht.

Vor der Landtagswahl in Thüringen dann eine Überraschung.

Linkspartei möchte im Freistaat das Bedingungslose Grundeinkommen ausprobieren, titelte die Tageszeitung Neues Deutschland am 22. Oktober 2019.

Konkret schlage die Linkspartei ein auf drei Jahre angelegtes und wissenschaftlich begleitetes Modellprojekt vor, an dem 1000 Menschen teilnehmen sollen, die alle im gleichen Ort oder im gleichen Stadtteil wohnen. Die Teilnahme daran solle freiwillig sein. Erwachsene erhielten dann monatlich einen Festbetrag von 1500 Euro, Kinder die Hälfte. Alles unabhängig davon, ob jemand einen Job habe oder nicht.
Quelle: https://www.neues-deutschland.de/artikel/1127506.grundeinkommen-thueringer-testlabor.html

Nun, mittlerweile wurde in Thüringen gewählt und Bodo Ramelow konnte mit Wahlplakaten, auf denen der Hinweis auf seine Parteizugehörigkeit fehlte, die meisten Thüringer Herzen erobern.
Ob er seinen Vorschlag zum Grundeinkommensversuch nach der Wahl vergessen hat oder nicht wird sich zeigen.
Aufgrund Erfahrungen und Erlebnissen mit Linken bezüglich des bedingungslosen

Grundeinkommens bin ich skeptisch, lasse mich aber gern positiv überraschen.

Erfahrungen und Erlebnisse

Ab Herbst 2016 bis Januar 2019 hatte ich das Amt der parteilosen Sprecherin der Landesarbeitsgemeinschaft Grundeinkommen Berlin, eine ungeliebte jedoch geduldete und auch finanzierte Arbeitsgemeinschaft unter dem Dach der Partei Die LINKE, inne. Die Bundes- und Landesarbeitsgemeinschaft Grundeinkommen in der Partei Die LINKE besteht aus ungefähr 2000 Mitgliedern, ca. 10 % davon sind aktiv darum bemüht, ein Konzept zu entwickeln, das in Zeiten von Globalisierung und Industrie 4.0 die Verelendung breiter Bevölkerungsschichten verhindern könnte. In der Bundes- und Landesarbeitsgemeinschaft Grundeinkommen wurde innerhalb der letzten Jahre ein emanzipatorisches Grundeinkommensmodell, gekoppelt an einen gesetzlichen Mindestlohn, ausgearbeitet, das finanzierbar wäre, weil beispielsweise Einkommen über einer genau definierten Grenze besteuert würden und zudem der milliardenschwere Erwerbslosen-Kontroll- und

Bürokratieapparat abgeschafft werden könnte. Laut einer Berechnung der Arbeitsmarktexperten des Bremer Instituts für Arbeitsmarktforschung und Jugendberufshilfe (BIAJ) haben die Kommunen und der Bund 2018 rund 6,55 Milliarden Euro für die Verwaltungskosten der Jobcenter ausgegeben, veranschlagt waren etwa 2 Milliarden Euro.

Im Gegensatz zu herkömmlichen, zumeist neoliberalen Grundeinkommensmodellen, die nicht auskömmlich und deshalb Steuersparmodelle für Unternehmen und Kombilohnmodelle für die lohnarbeitende Bevölkerung sind, darf das emanzipatorische Grundeinkommensmodell als paritätisch bezeichnet werden. Durch eine Angleichung der Lebensverhältnisse würde es einen Beitrag zum Wiederzusammenwachsen der Gesellschaft leisten, was gerade in unseren Tagen ein wichtiger Aspekt ist.

Ziel muss selbstverständlich ein globales Grundeinkommen sein, das Menschen unter anderem davon abhalten soll, gefährliche Fluchtwege zu beschreiten, sich aufgrund von Perspektivlosigkeit religiösen und politischen Extremisten anzuschließen, oder sich aus Resignation aus dem öffentlichen

Leben zurückzuziehen und ihre Teilnahme an demokratischen Prozessen einzustellen. Ideal wäre die Einführung eines Grundeinkommens zuerst in den wirtschaftlich schwachen Ländern, um zu verhindern, dass Westeuropa, Nordamerika und einige asiatische Staaten noch mehr als bereits jetzt auf Kosten dieser zwar nicht selten rohstoffreichen, doch korrupt regierten Länder leben. Kämen Westeuropa, Nordamerika und einige asiatische Staaten zuerst in den Genuss des Grundeinkommens, bestünde die Gefahr, dass die Produktion sämtlich in Länder ohne Sozialsystem ausgelagert würde. Wer aber ein auskömmliches Grundeinkommen bezieht, die oder der arbeitet nur, wenn Lohn und Bedingungen fair sind. Hier wie dort.

Allheilmittel?

Das bedingungslose Grundeinkommen ist kein Allheilmittel für sämtliche Probleme unserer Zeit. Auch würde eine Einführung vermutlich neue Probleme schaffen, die durch Nachbesserung beseitigt werden müssten. Ein so einschneidender Systemwechsel kann nicht spielend vonstatten gehen, das zu glauben wäre naiv.

Und außerhalb dieser Arbeitsgemeinschaft Grundeinkommen? Wie steht der Rest der Partei Die LINKE zum bedingungslosen Grundeinkommen?
Außerhalb der Arbeitsgemeinschaft ist das bedingungslose Grundeinkommen ein rotes Tuch. Die Partei Die LINKE ist unentschieden, skeptisch und furchtsam bis hin zu unverhohlen ablehnend.

Tradition

Zunächst: Die Einführung eines bedingungslosen Grundeinkommens bedeutet nicht, Menschen von der Ausübung relevanter Lohnarbeit abhalten zu wollen. Allerdings wird das häufig geschlussfolgert. Erklärungen, dass es vielmehr um eine vollständige Entkoppelung der sozialen Sicherung des Menschen von der Lohnarbeit geht, weil die Umstände es unter anderem fordern (werden), treffen zumeist auf taube Ohren.
Betrachtet man die Metaebene des Grundeinkommens, nämlich den althergebrachten Lohnarbeitsbegriff in Bezug auf die aktuelle Gesellschaftssituation, ist es vielmehr erstaunlich, dass an Tradition festgehalten

wird und zwar nicht in konservativen, sondern gerade auch in linken Kreisen – sei es unter Mitgliedern (FunktionärInnen wie auch Basismitglieder) der Partei Die LINKE (im folgenden als LINKE bezeichnet), sei es unter parteilosen Linken oder Mitgliedern anderer linker Parteien (im folgenden als Linke bezeichnet). Zahllose Menschen, die sich politisch links oder linksliberal verorten, die sich in Bezug auf Frauen, Homosexuelle, MigrantInnen und Menschen mit körperlichen/geistigen Einschränkungen für Emanzipation und Selbstbestimmung und gegen jede Stigmatisierung aussprechen, die sich tagtäglich für eine linke Partei oder linke Initiativen engagieren, hängen einem Arbeitsbegriff an, wie er ähnlich bereits im Mittelalter oder während der Zeit der NS-Herrschaft gehegt und gepflegt wurde.
Nach wie vor ist die Heiligsprechung der Lohnarbeit als Mittel der Wahl, den Lebensunterhalt zu sichern, auch in der Partei Die LINKE Programm.
Oder auch: Ist es in der Linken und LINKEN der Teufel Ideologie, der so oft davon abhält, auf aktuelle Herausforderungen kühn zu reagieren oder ist es reines Kalkül?

Lohnarbeit, und sei sie noch so mies und schmutzig, und der Kampf darum hat Geschäftsmodell der LINKEN zu bleiben. Kaum jemand möchte sich freiwillig überflüssig machen. Haben die Linken und LINKEN sich etwa prächtig im Kapitalismus eingerichtet?

Quer denken?

Wenn das so einfach wäre. Selbst für Mitglieder der Bundesarbeitsgemeinschaft Grundeinkommen bei der Partei Die LINKE stellt es nicht selten einen Kraftakt dar, sich vom Arbeitsbegriff ihrer Partei loszueisen. Mit aller gebotenen Ernsthaftigkeit wagt man es nicht, öffentlich und konsequent bis zum Eklat den Lohnarbeitsbegriff der Partei in Frage zu stellen. Lieber lässt man sich zu Outlaws ernennen, die an einer „versponnenen Idee" tüfteln, die so versponnen längst nicht mehr ist. Haben LINKE-ParteifunktionärInnen tatsächlich verschlafen, dass ein Grundeinkommenskonzept, und zwar eine nicht eben soziale, weil neoliberale Variante, in den Schubladen nationaler und internationaler Konzerne (und vermutlich auch Regierungen) liegt? Oder weiß man bei den LINKEN sehr wohl, dass von

Siemens Deutschland über zahllose europäische Initiativen und Parteien bis hin nach Menlo Park, USA das Grundeinkommen diskutiert wird, und setzt man darauf, im Falle eines neoliberalen Grundeinkommens (darunter ist ein nicht auskömmliches Grundeinkommen ohne Koppelung an einen Mindestlohn zu verstehen, das Menschen zwingen würde, zu Billiglöhnen zu arbeiten, was Unternehmen zugute käme), wieder gebraucht zu werden, um dagegen zu halten?

Wie auch immer, und damit schließe ich den Abschnitt Die LINKE und das Grundeinkommen

Im Jahre 2017 beschloss die Berliner Landesarbeitsgemeinschaft Grundeinkommen, die Partei-Narrenrolle abzulegen. Man würde eine Abstimmung unter sämtlichen Parteimitgliedern der Partei Die LINKE initiieren, um diese darauf aufmerksam zu machen, dass man ein realitätstaugliches Konzept gegen steigende Armut und Ungleichheit erarbeitet hatte. Die Frage an die Partei-GenossInnen würde lauten:

Soll das Grundeinkommensmodell ins Parteiprogramm aufgenommen werden oder nicht?
Schnell stellte sich heraus, dass die meisten Parteimitglieder kein Interesse an einer solchen Abstimmung hatten, beziehungsweise der Parteiführung folgten, die eine solche Abstimmung parteiintern zur unerwünschten Aktion erklärte. Die 3000 Unterschriften, die nötig gewesen wären, um eine Abstimmung durchführen zu können (bei der auch gegen das Grundeinkommen gestimmt werden dürfte), kamen bis heute, Stand Herbst 2019 nicht nur nicht zusammen, man ist davon weit entfernt – in einer Partei mit 62016 Mitgliedern (Stand Dezember 2018). Selbst Katja Kipping, Parteivorsitzende, die keine Gelegenheit ausließ, sich vor ihrer anvisierten Zielgruppe – KosmopolitInnen, die gegenüber neuen, sozialen Ideen aufgeschlossen sind – als Grundeinkommensbefürworterin zu gerieren, folgte dem Beschluss der ParteifunktionärInnen und verweigert die Unterschrift. Die Begründung lautete, diese Abstimmung würde die Partei spalten.
Im Dezember dieses Jahres (2019) wird die Unterschriftensammlung eingestellt, die Frist ist dann verstrichen.

Dass eine solche Unterschriftensammlung nicht erfolgreich sein kann, solange man sich nicht unmissverständlich und öffentlichkeitswirksam gegen den von Parteifunktionärsseite ausgerufenen Arbeitsbegriff positioniert und somit Druck erzeugt, ahnte ich bereits im Januar 2019. Meine Vorschläge zum Ungehorsam gegen die Parteiführung wurden aus Angst vor Konsequenzen abgelehnt.
Ich trat daraufhin von meinem Posten zurück und aus der Arbeitsgemeinschaft aus. Das bedingungslose Grundeinkommen bleibt trotz aller Probleme im Detail, wie beispielsweise die Frage, wie RentnerInnen so gerecht wie möglich zu behandeln seien, mein favorisiertes Rezept zur Rettung der Welt.

Dies aber noch zum besseren Verständnis: Die LINKE war nie eine homogene Gruppe

Die Partei Die LINKE ist nicht erst seit Wagenknechts Gründung der erfolglosen Bewegung #aufstehen gespalten (#aufstehen hatte zum Ziel, besonders sogenannte GlobalisierungsverliererInnen anzusprechen, derer es in der Tat natürlich auch im reichen Deutschland zahllose gibt, die sich aber zumeist nicht als solche zu erkennen geben wollen, weil man ihnen über Jahrzehnte eingetrichtert hat, dass sie selbst Schuld an ihrer wirtschaftlichen Lage seien).

Die Partei Die LINKE war nie ein homogener Haufen gerechtigkeitsliebender Individuen, vielmehr seit Anbeginn ein Zusammenschluss verschiedenster Strömungen von SozialistInnen über Antideutsche über KommunistInnen bis hin zu Gruppierungen, die mit dem politischen Islam paktieren. Viele dieser Gruppen sind sich untereinander spinnefeind. Und dennoch reißt das die Partei nicht auseinander.

Die Begründung des Parteivorstands, eine Befragung zum Grundeinkommen würde die Partei spalten, ist somit vorgeschoben. Ich erwähnte es bereits… der Teufel Ideologie. Vielleicht.

Eine 2. Aufklärung?

Nicht nur ohne Götter, Engel und Teufel lässt es sich gut leben, sondern auch ohne sinnlose Lohnarbeit. Viele von uns werden vermutlich demnächst ohne sinnlose Lohnarbeit leben müssen, der Arbeitsmarkt befindet sich in Zeiten von Globalisierung

und Industrie 4.0 in einem historischen Wandel. Nein, auch Dienstleistung ist nicht der Zaubertrick der Stunde. Dienstleistung können Roboter auch.
Und was ist mit denen, für die es keine Lohnarbeit mehr geben wird?
Werden sie Aufstände anzetteln? Mit Gewalt reagieren? Mit Rückzug, Selbstisolation, Krankheit?
Man weiß es nicht. Wir könnten jedoch vorbeugen. Unsere althergebrachte Form der Kommunikation überdenken. Glaubenssätze umschreiben.
Warum nicht offen und ehrlich kommunizieren, dass nicht mehr alle von uns gebraucht werden?
Nein, nicht, weil wir als Menschen überflüssig sein werden, wie immer falsch geschlussfolgert wird (was übrigens anschaulich zeigt, dass viele von uns Mensch und Lohnarbeit als Einheit denken), sondern weil wir für den Lohnarbeitsmarkt überflüssig sein werden. Als Mensch sind wir auch ohne Lohnarbeit weiterhin zu zahllosen guten (und schlechten) Taten in der Lage.
Auch wenn Lohnarbeit für viele von uns ein Auslaufmodell ist und Pflegeroboter, selbstfahrende Busse und Bauteile für ganze Häuser aus dem 3D-Drucker auf ihren

flächendeckenden Einsatz warten – es gibt genug zu tun, damit Zusammenleben gelingt. Warum ist die Erledigung dessen nicht genauso verdienstvoll wie die Bewältigung einer 40-Stunden-Lohnarbeitswoche?
Warum werden selbst kleinteilige Versuchsprojekte, zum Beispiel bedingungsloser Grundeinkommensbezug für einzelne Dörfer, zumeist bereits während der Planung zunichte gemacht oder aber zu früh abgebrochen. Um behaupten zu können, alles fernab der Lohnarbeit wäre ein Irrweg?
Für Aktionismus allerdings werden Gelder nach wie vor bereitgestellt.

(Lohn)arbeitsbeschaffungsmaßnahme

Ein 2019 auf den Weg gebrachtes Projekt des Berliner Bürgermeisters Michael Müller (SPD), das sogenannte solidarische Grundeinkommen, ist ein gutes Beispiel dafür. Es handelt sich hierbei um eine Lohnarbeitsbeschaffungsmaßnahme für Berlin, wie sie bereits in den 1990er Jahren für ganz Deutschland durchexerziert wurde. Erwerbslose führen gegen Mindestlohn Arbeiten aus, die eigentlich nicht mehr bezahlt werden sollen und deshalb aus dem

Katalog des sogenannten 1. Arbeitsmarktes offiziell oder inoffiziell ausgegliedert wurden.
Schon in den 1990er Jahren führten derartige Projekte nicht zum gewünschten Ergebnis, das da lautete, Menschen durch subventionierte Lohnarbeit in den sogenannten ersten Arbeitsmarkt einzugliedern. Fälschlicherweise bezeichnet Müller die nächste Welle dieses Versuchs als Grundeinkommens-Projekt.

Warum die Bezeichnung Grundeinkommen?

Ist es nicht einmal mehr selbstverständlich, dass Menschen für Lohnarbeiten wie Hausmeisterei, Pflege öffentlicher Grünanlagen oder Reparatur von Schulinventar ein Gehalt, also ein Einkommen beziehen? Oder andersherum: Warum widmet man benötigte Tätigkeiten, wie Hausmeisterei oder Grünanlagenpflege, einst ganz normale Lohnarbeitsstellen, in „zusätzliche Arbeit" um? Doch nicht etwa, um den Lohn für sie noch tiefer zu drücken? Und wenn man schon bestimmte Tätigkeiten nicht mehr bezahlen will, wäre es nicht naheliegend, ein wirklich bedingungsloses Grundeinkommen

einzuführen und bestimmte Tätigkeiten auf freiwilliger Basis zu vergeben? Beim Ehrenamt funktioniert das auch.
Wie Müllers Projekt enden wird, ist voraussehbar.

Doch von vorne. Was versteht man eigentlich unter Lohnarbeit?

Arbeit, Lohnarbeit
Was ist das?
Zielgerichtete körperliche und geistige Tätigkeit. Existenzsicherung. Bisher.
Als der Mensch sesshaft wurde, also nicht mehr mit Sippe und Vieh dahin zog, wo das Gras saftig war, kam eine frühe Form der Lohnarbeit auf. Es wurde nicht mehr lediglich gemeinsam mit der Sippe für das eigene Überleben gearbeitet, sondern auch für andere Sippen im Tausch gegen Zahlungsmittel und Naturalien.
In der *Antike* und im *Mittelalter* war (Lohn)Arbeit schließlich erklärtermaßen unwürdiges Tun. Nur sogenannte untere Schichten arbeiteten.
Dann, durch die christliche Religion wurde der Arbeit zumindest offiziell Ehre zuteil.
Die protestantische Ethik sah und sieht in der Arbeit gottgefälliges Tun. Den Platz im Himmel kann man sich also buchstäblich

erarbeiten. Dem Kapitalismus kam diese Lehre zugute. Oder auch umgekehrt: ohne gottgefälliges Tun kein Kapitalismus. *Weber* (1864–1920) sah in der protestantischen Ethik die Voraussetzung für den kapitalistischen Industrialisierungsprozess.

Vermietbares geistiges und körperliches Tun

Heutzutage ist es in so gut wie allen Gesellschaften der Erde vorgesehen, seine Arbeitskraft zu vermieten, falls man über keine anderen Geldquellen verfügt, um den Lebensunterhalt zu bestreiten.
Aber wenn sich keine MieterInnen finden? Das Angebot ist schließlich groß und wird natürlich dadurch, dass bestimmte Lohnarbeitsbereiche wegfallen oder Menschen für benötigte Lohnarbeiten ungeeignet sind, nicht geringer.
Deutschland: Die, deren Kenntnisse und Fähigkeiten in der Pflege, Verwaltung, Handel, Handwerk nicht gefragt sind und/oder die zu alt sind, für eines der aus dem Boden schießenden sogenannten Start ups (Unternehmensgründungen mit mehr oder weniger innovativen Geschäftsideen) am Computer Dienst zu tun, gründen ihr

eigenes Unternehmen am heimischen Computer. Zumeist handelt es sich um gängige, günstig angebotene Dienstleistungen wie beispielsweise Getränkelieferung, Kinder- und Haustier-Beaufsichtigung, Stadtführungen oder Botengänge aller Art. Solche Ich-AGs, wie die Gründung eines 1-Personen-Unternehmens mit Firmensitz in der eigenen Wohnung einst offiziell hieß, werden häufig, und zwar besonders in Städten mit hoher Erwerbslosigkeit wie Berlin, von den Jobcentern gefördert, bis die Mini-Firmen aus Mangel an Aufträgen bald wieder eingehen. Der Zauber des Begriffs Dienstleistungsgesellschaft platzt, aber ohne Glimmer und Konfetti. Warum auch sollte plötzlich gesteigerter Bedarf an bestimmten Dienstleistungen bestehen, nur weil diese auf Anraten des Fallmanagers im Jobcenter als persönlich, familiär oder von Herzen kommend angepriesen werden, was auf dem rauen Markt im besten Falle rührend wirkt?

Und jetzt?

Wer keine AbnehmerInnen für sein Angebot findet, kann sich glücklich schätzen, beispielsweise in einem westeuropäischen Staat BürgerInnenrechte zu genießen.

Hier gibt es Absicherung gegen den Arbeits-Mietausfall. Der Staat betreibt Ämter und Agenturen, in denen dafür gesorgt werden soll, dass die Erwerbslosen-Statistik vorzeigbar bleibt. Wer nicht ausreichend qualifiziert ist oder aber hochqualifiziert ist und trotz der Bereitschaft, das eigene Wohlbefinden hinten anzustellen, keine Arbeitskraft-MieterInnen findet, weil z.B. zu alt, weil z.B. Mutter ohne Mann und Betreuungsplatz, kann Nach- und Umschulung beantragen. In diesen und in anderen Fällen darf für die Zeit der Erwerbslosigkeit Einkommen, finanziert von Steuerzahlenden, beantragt werden. Doch Fortbildung ist kein Garant für eine unbefristete Lohnarbeitsstelle. Vielmehr ist Fortbildung in Deutschland mittlerweile auch eine Branche um ihrer selbst willen. Es wird Umsatz gemacht, es werden MitarbeiterInnen beschäftigt, die Branche expandiert. Ich komme in späteren Kapiteln noch genauer darauf zu sprechen.

Die Schwierigkeit, geistige und körperliche Aktivität auf dem Lohnarbeitsmarkt zu vermieten

Nicht alles, was man im Tausch gegen Geld für andere tun kann, findet also

AbnehmerInnen. Daran ist neben nicht zeitgeistgemäßer Selbst-Vermarktung unter anderem auch der Fortschritt Schuld. Was man früher nur aus Science-Fiction-Filmen und Romanen kannte, ist Realität geworden. Im Zeitalter von Industrie 4.0 werden Computer, Roboter und Maschinen die Arbeit übernehmen oder tun es bereits. Das gilt nicht nur für Betriebe, in denen immer weniger Handgriffe für Menschenhände übrig bleiben, oder für die sogenannten dunklen Fabriken, wo nicht einmal mehr Licht nötig ist, weil nur noch Computer am Werk sind, oder für den Bereich Verkehr, wo an selbstfahrenden Autos und Bussen getüftelt wird, sondern auch für Lohnarbeit, die lange als krisenfest galt, nämlich Tätigkeit, die vom Menschen am Menschen verrichtet wird. In Japans Pflegeheimen sind Roboter angetreten, die alte und kranke Menschen im Bett umdrehen, durch den Garten führen, in die Badewanne heben. Ein Segen für Lohnarbeitende im Bereich Pflege. Gehören doch Schmerzen und Verschleiß im Schulter- und Nackenbereich sowie im unteren Rücken bis hin zur Arbeitsunfähigkeit zum Pflegeberuf. Zwar können die pflegenden Plastikkerle auch kommunizieren, aber das zwischenmenschliche Gespräch, das

Zeitung-Vorlesen, während dem eine Pflegerin die Hand hält, bleibt auch für japanische SeniorInnen wichtig. Dafür werden sicher weiterhin Menschen beschäftigt, wenn auch einige weniger als zuvor.
Darüber hinaus stellt es in einer globalisierten Welt für ArbeitskraftnehmerInnen (heutzutage bezeichnenderweise aber irreführend als ArbeitgeberInnen bezeichnet) kein Problem mehr dar, auf der Suche nach günstig zu mietenden ArbeitskraftgeberInnen (heutzutage bezeichnenderweise aber irreführend als ArbeitnehmerInnen bezeichnet) um die Welt zu reisen. Beispiel Textilindustrie: In Asiens Fabriken wird unschlagbar günstig gefertigt, jeweils 12 Stunden an 6 Tagen. Der Durchschnittslohn von umgerechnet 85 Euro, im Januar dieses Jahres von den LohnarbeiterInnen neu erstritten, ist selbst für dortige Verhältnisse ein Hungerlohn. Arbeitsschutz fehlt zumeist. Seit dem Unglück in einer Textilfabrik in Bangladesch mit zahllosen Toten im Jahre 2013 hat sich angeblich etwas getan. Doch erst jetzt, sechs Jahre später, ist mit dem grünen Knopf ein Label auf dem deutschen Markt, das faire

Bedingungen für TextillohnarbeiterInnen anzeigen soll. Auf freiwilliger Basis.
Oder die häusliche Pflege: Es ist kein Geheimnis, dass in Deutschland ein grauer Arbeitsmarkt (geduldete atypische, beziehungsweise Schwarzarbeit) existiert, weil selbst der mittelmäßige Lohn deutscher PflegerInnen nicht für jede Familie mit pflegebedürftigen Angehörigen bezahlbar ist. OsteuropäerInnen sind oftmals nicht in der glücklichen Lage, auf die Uhr schauen zu dürfen. Es gibt in Osteuropa kein Sozialsystem, das seinen Namen verdient. Man muss dahin gehen, wo es Lohnarbeit gibt, egal welche.
Die Verkehrung des Begriffs ArbeitgeberIn und ArbeitnehmerIn macht darüber hinaus deutlich, dass man bemüht ist, sich zumindest sprachlich von früheren Fronarbeitsverhältnissen abzugrenzen.
Geben ist seliger denn nehmen, das wissen wir. Selbst der Gabe, sich für ein karges Gehalt die Gesundheit ruinieren zu dürfen, wird heutzutage Wert beigemessen. Wer etwas bekommt, hat dankbar zu sein, das haben wir von Kindesbeinen an gelernt. Wer Geschenke ablehnt ist unerzogen, gar asozial.

Und früher?

Der Arbeitsbegriff unterliegt dem Wandel der Zeit. Wie bereits erwähnt, war es in der Antike und im Mittelalter alles andere als ehrenhaft, Lohnarbeit zu verrichten. Die oberen Stände philosophierten und widmeten sich der Politik. Mühen und plagen mussten sich die sogenannten unteren Schichten. Daran hat sich zwar nicht allzu viel geändert, doch wer hart und schmutzig lohnarbeitet soll sich heutzutage zumindest in Westeuropa nicht mehr offiziell für sein Tun schämen. Abneigung, Abscheu und Häme gegen die, die uns in allen Lebensbereichen den Dreck wegzuputzen (müssen), besteht zwar nach wie vor, wird heute jedoch subtil geäußert. Wer hart und schmutzig lohnarbeitet und beispielsweise zu streiken wagt, um für einen zumindest überlebenssichernden Lohn zu streiten, muss sich nicht selten die Frage gefallen lassen, ob es denn nicht mal langsam genug wäre. Genug mit dem Niederlegen der Lohnarbeit, die verrichten zu dürfen man dankbar sein solle, denn immer mehr dürften nicht. Und genug mit dem Geld, das einem doch bereits gezahlt würde. Es wird Gier unterstellt. Anmaßung. Oft auch fehlende Moral. Eine Krankenschwester hat den Alten und

Kranken zu Diensten zu sein, das hat sie sich schließlich so ausgesucht. Fällt sie aus, gar absichtlich, um zu streiken, ist es um ihr Pflichtbewusstsein schlecht bestellt. Je härter und mieser bezahlt jemand lohnarbeitet, um so höhere Moral wird erwartet – nebst tadellosem Pflichtbewusstsein.
ArbeitskraftnehmerInnen sind hingegen weitgehend ausgeschlossen vom Moral-Contest. Sie sind die Unentbehrlichen. Sie in die Gemeinde zu locken, lässt man sich etwas kosten, zum Beispiel Großzügigkeit in Sachen Empörung ob fehlenden Anstands.
In dem Punkt zumindest hatten es die LohnarbeiterInnen der Antike und des Mittelalters einfacher. Sie hatten nichts zu verlieren, sie galten ganz offiziell als unwerte Lumpen, und zwar deshalb, weil sie sich plagen mussten. Dass sie Moral und Sittlichkeit besaßen, vermuteten die von ihnen bedienten ArbeitskraftnehmerInnen von vornherein nicht.

Und dann, ein bisschen später, kam Marx

Ein erklärter Liebhaber der Lohnarbeit war der Gesellschaftstheoretiker und Ökonom Karl Marx (1818- 1883) nicht, dennoch muss er bis heute als Held der parteilosen wie parteigebundenen linken LohnarbeitsfetischistInnen herhalten. Marx wird gefeiert von KommunistInnen über SozialistInnen bis hin zu solchen Linken und LINKEN (wenn auch offenbar nicht immer gelesen oder verstanden), die einer oder einer nach der anderen zumeist brotlosen aber staatlich subventionierten oder geförderten (Lohn)Arbeit im Bereich Kultur oder online-Dienstleistung nachgehen. Oder auf andere Art eine ruhige Kugel schieben, also ihre Zeit (zum Beispiel in Form von Immatrikulation auf Lebenszeit) damit zubringen, über Wesen und Schicksal der Lohnarbeitenden zu philosophieren.

Es liegt mir fern, hier Karl Marx' Werk auszurollen, dennoch möchte ich an dieser Stelle einen kurzen Textauszug zitieren, und zwar deshalb, weil die Sozial-ist-was-Arbeit-schafft-Hymne seiner späten AnhängerInnenschaft Marx eventuell irritiert hätte. Bestenfalls.

So sprach Marx zwar von Arbeit als „ewiger Naturnotwendigkeit“, meinte damit aber offenbar nicht die Lohnarbeit. Oder war unentschieden, was Lohnarbeit anging, zu der er sich unter anderem auch so äußerte:

„[…] Es ist eins der größten Mißverständnisse, von freier, gesellschaftlicher menschlicher Arbeit, von Arbeit ohne Privateigentum zu sprechen. Die , Arbeit‘ ist ihrem Wesen nach die unfreie, unmenschliche, ungesellschaftliche, von Privateigentum bedingte und das Privateigentum schaffende Tätigkeit. Die Aufhebung des Privateigentums wird also erst zu einer Wirklichkeit, wenn sie als Aufhebung der Arbeit gefaßt wird […].“
Quelle: Karl Marx: Über Friedrich Liszt, Berlin 1972, S. 24.

Hat die sogenannte Arbeiter- und Arbeiterinnenschaft ihren Marx gelesen?

Zunächst: Wer ist heutzutage überhaupt die ArbeiterInnenschaft?
Das ist nicht mehr so leicht zu definieren wie einst. Beispielsweise deshalb, weil nicht wenige, die am Existenzminimum entlang schlittern, selbstständig sind, und zwar nicht nur in Form von Ich-AGs, sondern teilweise sogar MitarbeiterInnen beschäftigen.
Wenn ich in diesem Buch von LohnarbeiterInnenschaft spreche, meine ich, falls es aus dem Kontext nicht anders hervorgeht, die, die linke Politik anzusprechen hofft: Menschen im

lohnarbeitsfähigen Alter, die sich in einem abhängigen Lohnarbeitsverhältnis befinden und den Jahresverdienst von 80000 Euro problemlos verfehlen, oder jene, die nach Lohnarbeit suchen oder sich als (Klein)Selbstständige über Wasser halten. Haben all die ihren Marx gelesen?
Das ist eine irrelevante Frage. Nicht alle der eben Genannten können sich für linke Politik begeistern, sondern vielmehr auch konservativen, rechten oder neoliberalen Parteien zugeneigt sein, zum Beispiel, weil sie sich von denen eine bessere Vertretung ihrer Interessen versprechen.
Ich wage jedoch zu behaupten, dass ein großer Teil der eben Genannten davon überzeugt ist, in erster Linie zum Lohnarbeiten auf dieser Welt zu weilen und die eigenen Bedürfnisse nach Glück, Gesundheit, Freude, Spaß und Muße hintan zu stellen hat.
Einst haben es so die Feudalherren gepredigt, heute suggerieren es die Parteien, und zwar auch die Parteien Die LINKE und die SPD, die sich auf die Fahne geschrieben haben, an der Seite der Lohnarbeitenden zu stehen. Für sie zu kämpfen. Und zwar um Lohnarbeit. Ganz erklärt kämpfen die Parteien Die LINKE und die SPD nicht für das Recht, Lohnarbeit abzulehnen.

Interessant wäre daher die Frage, ob alle Linken und LINKEN und SozialdemokratInnen, die sich auf Marx berufen, Marx gelesen (und verstanden) haben. Eine Umfrage dazu zu initiieren wäre allerdings sinnlos. Niemand, die oder der sich als MarxistIn bezeichnet, würde mir antworten, keine Ahnung von dem, was Marx niederschrieb, zu haben.

Aber ob links, ob rechts, ob liberal mittig – die Mehrheit der Bevölkerung scheint nicht daran zu zweifeln, dass ein Leben ohne Lohnarbeit nicht funktioniert. Weder Lohnarbeitende noch die, die sie anfeuern. Beide Seiten haben gelernt, dass einen bereits das Nachdenken über diesen Punkt in die Nähe unsittlichen Treibens rücken kann.
Hören wir dazu einen, der sich einst unmissverständlicher ausgedrückt hat als Marx. Friedrich Engels, Weggefährte von Marx. Über sein Tun verliere ich gleich ein paar Worte, zunächst ist interessant, was Engels unter anderem zum Thema (Lohn)Arbeit sagte:
„[...] Die Arbeit ist […] die erste Grundbedingung alles menschlichen Lebens, und zwar in einem solchen Grade, dass wir in gewissem Sinn sagen müssen:

Sie hat den Menschen selbst geschaffen.Vor mehreren hunderttausend Jahren.“
Und weiter: „[...] lebte irgendwo in der heißen Erdzone ein Geschlecht menschenähnlicher Affen von besonders hoher Entwicklung […]. Wohl zunächst durch ihre Lebensweise veranlasst, die beim Klettern den Händen andere Geschäfte zuweist als den Füßen, fingen diese Affen an, auf ebner Erde sich der Beihilfe der Hände beim Gehen zu entwöhnen und einen mehr und mehr aufrechten Gang anzunehmen. Damit war der entscheidende Schritt getan für den Übergang vom Affen zum Menschen […].“ Quelle: H. Hirsch, Friedrich Engels. Mit Selbstzeugnissen und Bilddokumenten, Reinbek bei Hamburg 1968
Haben wir verstanden. Der Affe hatte die Hände zum Arbeiten frei, da ward er ein Mensch.
Engels war der Sohn eines Textilfabrikanten. Fast zwanzig Jahre arbeitete er im kaufmännischen Bereich des Betriebs seines Vaters. Dann war er Sekretär im Generalrat der *Internationalen Arbeiterassoziation.* Später schrieb er Bücher. Man will ihm sein privilegiertes Tun natürlich nicht missgönnen, dennoch

gab es zum Thema (Lohn)Arbeit Beiträge überzeugenderer ZeitgenossInnen.
Da wäre beispielsweise Paul Lafargue, Schwiegersohn von Karl Marx, der vom Schwiegerpapa unter anderem als – Linke und LINKE mögen sich bitte kurz die Augen zuhalten – *Neger* oder *Negrillo* bezeichnet wurde. Kostprobe gefällig?
Marx an seine Tochter Jenny, 5. September 1866: „Vorgestern waren die Lormiers hier und auch der Negrillo." Quelle: Marx-Engels-Werke, Band 31, S. 528
Larfargue gehörte zu den führenden Köpfen der sozialistischen Internationale.
Außerdem ist er Autor der Schrift *Das Recht auf Faulheit (Le droit à la paresse)*, ein literarisches Werk aus dem Jahre 1880 zur Widerlegung des *Rechts auf Arbeit* von 1848.
Für Lafargue war die Faulheit die Mutter der Künste und der edlen Tugenden.
Außerdem war Faulheit das angeborene Recht jedes Menschen, egal in welche Schicht sie oder er hineingeboren worden war. Man kann sagen, Lafargue war der erste, der fortschrittlich und vor allem humanistisch dachte, weil er das Recht auf ein lebenswertes, gesundes und selbstbestimmtes Dasein nicht nur reich Geborenen sondern jeder und jedem

zugestand. Pech nur, dass es zu dieser Zeit noch keinen Sozialstaat gab. Das theoretische Recht auf Faulheit nutzte niemandem ohne Vermögen. Da konnte Lafague das *Recht auf Arbeit* noch so oft als gleichbedeutend mit einem Recht auf Elend darstellen. Oder als „verderbliches Dogma“, mit dem die „Proletarier das, was ihr Gott verflucht hat, wiederum zu Ehren bringen“. Gott habe ja den Menschen mit dem Fluch aus dem Paradies vertrieben, fortan im Schweiße seines Angesichts sein Brot zu essen. Lafargue war Atheist und wollte sich mit so einem Dasein nicht abfinden. Und andere sollten es auch nicht müssen.

Warum hat Lafarque eigentlich keinen Platz in den Galerien und auf den Altären Linker und LINKER, die sich mit den Attributen humanistisch und emanzipatorisch schmücken?

Brauchen, gebraucht werden

Die allermeisten von uns brauchen eine Aufgabe. Etwas, das Zufriedenheit schenkt, Freude bereitet, Sinn stiftet – eine körperliche oder geistige Betätigung, die einen begleitet und auf der Umlaufbahn hält und in den meisten Fällen entweder gewollt oder ganz nebenbei auch den Mitmenschen zugute kommt. Das müsste keine Lohnarbeit sein. Oder besser: Es muss nicht für alle von uns Lohnarbeit sein, für einige aber eben schon.

Die, die zu Recht den Zwang zur Lohnarbeit oder auch den Lohnarbeitswahn kritisieren, wie einst Lafargue oder heutzutage beispielsweise IdeologiekritikerInnen oder ideologiefreie AnhängerInnen der Idee eines Bedingungslosen Grundeinkommens, lassen weitgehend außer Acht, dass es Menschen gibt, die, um ihrer Zufriedenheit willen lohnarbeiten wollen. Oder noch deutlicher: Diese Menschen müssen lohnarbeiten, um glücklich und zufrieden zu sein. Es ist ihre Sache nicht, sich anstatt einer Lohnarbeit eigenständig eine erfüllende Beschäftigung oder Aufgabe zu suchen und diese auszuführen. Einige wollen und brauchen zudem die häufig an Lohnarbeit gekoppelte Weisung. Eine Wertung dessen soll hier nicht erfolgen.

Man kann sich fragen, ob das Verlangen nach Weisung Menschen genetisch mitgegeben wird oder ob Menschen, die Weisung brauchen, lediglich schwer betroffene Opfer des Lohnabeitswahns sind,

und, wären sie anders sozialisiert, auch gut ohne Weisung leben könnten, sich stattdessen ihre Aufgaben selbst stellen wollten.
Doch die Frage ist sinnlos. In Bezug auf das eigentliche Problem, nämlich, dass es sehr vermutlich in Zukunft nicht mehr für alle von uns Lohnarbeit geben wird, spielt es keine Rolle, warum wer Weisung braucht. Diese Menschen sind da, sie wollen ihre (weisungsgebundene) Lohnarbeit erledigen und wenn es für sie keine Lohnarbeit mehr gibt, sondern beispielsweise ein bedingungsloses Grundeinkommen, das die Aufgabe beinhaltet, eigenständig den Tag mit Aktivität zu füllen, werden sie leiden. Das ist, wie bereits erwähnt, ein bislang häufig vernachlässigtes Problem für Menschen, die den Lohnarbeitswahn satt haben und nach neuen Wegen suchen.

Was könnte denn passieren…

…, wenn es Lohnarbeit nicht einmal mehr für all die geben würde, die sich weisungsgebunden betätigen wollen, weil nur das sie glücklich, stolz und zufrieden macht beziehungsweise, weil sie es vorziehen, so wenig Verantwortung wie möglich für ihr Tun zu übernehmen?

Wird es Revolten geben? Tausende von Alkoholkranken? Werden ganze Bevölkerungsschichten verwahrlosen?
Oder aber wird die Gesellschaft friedlich und entspannt sein, weil die Menschen Zeit für einander haben?
Man kann es natürlich schlichtweg nicht vorhersagen. Dabei ist das Bedürfnis nach Weisung uralt und wurde keineswegs von der Moderne hervorgebracht. Selbst zu Zeiten schwerster körperlicher Lohnarbeit in Vor- und Anfangszeiten der Industrialisierung gab es Menschen, die nicht daran zweifelten, auf der Welt zu weilen, um sich zum Zweck der Reichtum-Vermehrung anderer zu mühen und zu plagen. Nach erfolgreicher Erledigung des Tageswerkes war man stolz und zufrieden, gebraucht zu werden und der vermeintlich naturgegebenen Bestimmung gerecht geworden zu sein. Man würde dafür im Paradies belohnt werden.
Päpste und Priester lehrten es, Kaiser und Könige und Politik und Wirtschaft fordern es heute.

Ist das ein Problem?

Um die menschliche Tragödie, weisungsgebunden unentbehrlich sein zu wollen, wissen Regierungen, demokratische wie diktatorische. Und sehen darin sicher kein Problem. Ohne die, die auf Anweisung funktionieren wollen, wäre alles erheblich komplizierter. Das Zusammenleben und Zusammen(lohn)arbeiten hätte man ständig neu aushandeln müssen. Bisher. Oder besser: bis zu dem Punkt, an dem es keine weisungsgebundene Lohnarbeit mehr für alle gibt.

Die Querköpfe werden plötzlich bequem?

Was ist bequem? Bequem ist eine Arbeitsmaschine, die man bei Bedarf an- und abstellen kann. Weshalb wir sie brauchen. Zumindest für die unangenehme, schmutzige, gefährliche Lohnarbeit.
Aber selbst den Menschen, die sich sinnstiftende Aufgaben selbst stellen können, beschert das Gefühl, gebraucht zu werden beziehungsweise etwas zu leisten, das anderen zugute kommt oder Bewunderung hervorruft und Applaus zur Folge hat, Zufriedenheit, Glück und die Überzeugung, ein erfülltes Leben zu führen.
Auch erwerbslosen Menschen, die angebotene Lohnarbeit ablehnen, weil diese nicht ihren Neigungen oder Gehaltsvorstellungen entspricht, und die

sich deshalb mit Arbeitsagenturen Scharmützel liefern, ist es in den allermeisten Fällen wichtig, ihre Erfahrungen und Tricks mit anderen in gleicher Situation zu teilen oder andere in gleicher Lage zu unterstützen oder sich mit der Geschicklichkeit, unliebsame Lohnarbeitsangebote von sich fern zu halten, Achtung zu verschaffen. Die anderen sollen von der eigenen Leistung profitieren oder dieser zumindest Beachtung schenken. Fragt man Menschen, die unfreiwillig auf Lohnarbeit verzichten, weil sie es aus gesundheitlichen Gründen müssen oder aber niemand ihre Dienste benötigt, ob und warum sie leiden, lautet die häufigste Antwort:
„Ich habe das Gefühl, niemand braucht mich mehr."

Welche Rezepte haben Linke oder die Partei Die LINKE gegen dieses Leid?

Um es nicht unnötig spannend zu machen: keine.
Zumindest keine humanistischen oder emanzipatorischen, obwohl man sich links der Mitte gerade mit diesen beiden Attributen am liebsten schmückt. Doch wenn es darum geht, Menschen zu

vermitteln, dass ausnahmslos jede und jeder ein gutes Leben verdient hat, ganz einfach deshalb, weil man auf der Welt ist, und dass ein Leben nicht nur dann gut ist, wenn man es mit (weisungsgebundener) Lohnarbeit zubringt, sondern ebenso gut ist, wenn man sich die Aufgabe sucht, die der eigenen Neigung entspricht, ist Schluss mit Emanzipation und Humanismus. Mehr noch. Kein linkes und LINKES Wort lehrt offiziell und gut sichtbar auf dem Wahlplakat, dass in einem guten Leben gesundheitsgefährdende, entwürdigende Lohnarbeit nichts zu suchen hat, und man deshalb froh sein kann, dass sehr wahrscheinlich bald Roboter die meiste Schmutzarbeit übernehmen, sodass Menschen sich angenehmen Tätigkeiten widmen können, worauf sie eben so stolz sein dürfen wie auf das Verrichten weisungsgebundener Lohnarbeit. Lieber fährt man links der Mitte in christlicher und nationalsozialistischer Tradition fort, Lohnarbeitenden einzutrichtern, sie hätten zum Zwecke der Seligwerdung weiter darum zu kämpfen, schmutzige Lohnarbeit verrichten zu dürfen und beim Kampf darum (aber nicht bei der Erledigung schmutziger Lohnarbeit) wolle die LINKE unterstützen. Die Perfidie geht noch weiter.

Dass Roboter uns die schmutzige, gefährliche Arbeit „wegnehmen“, ist laut LINKE kein Grund zu jubeln. Genau so wenig ein bedingungsloses Grundeinkommen, weil dies eine Freikaufprämie wäre, die Konzerne deshalb goutierten, weil sie damit ihr schlechtes Gewissen ob der Forschung an Arbeitsautomatisierung besänftigen könnten.
Herzig. Einfach rührend. Gibt es Zahlen, wie viele Konzernbosse und Vorstandsmitglieder derzeit in Beichtstühlen kauern oder an Klippen stehen, weil sie mit ihrem schlechten Gewissen ob des dürftigen Befindens ihrer Lohnarbeitenden nicht mehr weiterleben können?
Nebenbei bemerkt: Dass Roboter keine Steuern zahlen, ist ein weiterer linker Schlachtruf gegen Automatisierung. Warum die Partei Die LINKE, die (zu Recht) eine höhere Besteuerung von Konzernen fordert, sich außerstande sähe, im Falle einer elektronischen Belegschaft von Firmen eine Sondersteuer zu fordern, ist bislang nicht geklärt.

***Menschen vor Profite!* Ist stattdessen das (grammatikalisch richtige?) Schlagwort der LINKEN.**

Um die Menschen soll es also gehen. Darum, dass Menschen sich auch weiterhin plagen dürfen. Der Kampf darum, Lohnarbeit verrichten zu dürfen, auch schmutzige und gefährliche, also weisungsgebunden gebraucht zu werden für etwas, das kein Mensch gern tut, wird uns als emanzipatorischer, gar als revolutionärer Akt verkauft.
Die christliche Doktrin vom ewig sündigen Mensch, der Buße zu tun hat, lässt grüßen.

Was wäre ein emanzipatorischer Akt unter Berücksichtigung des menschlichen Wunsches, weisungsgebunden gebraucht zu werden?

Sich zu emanzipieren bedeutet, sich aus der Mottenkiste jahrhundertelanger Bequemlichkeit zu erheben, alte Muster radikal in Frage zu stellen.
Zum Beispiel:
Gehört Lohnarbeit, zumeist weisungsgebunden, untrennbar zum Menschsein dazu?
Nein. Unzählige Menschen, die ihren Lebensunterhalt aus Vermögen, Lottogewinn oder Erbschaft bestreiten sind vollständige Menschen.

In der Partei Die LINKE ist ein häufig gebetetes Mantra: Lohnarbeit gleich Menschenwürde. Es müsste ehrlicherweise heißen: Lohnarbeit gleich Menschenpflicht für Arme.
Dass nicht wenige Menschen ihr Leben lang mit einer Lohnarbeit malträtiert werden, die weder ihren Neigungen noch Fähigkeiten entspricht und zudem krank macht, ist für Die LINKE im Umkehrschluss offenbar mit der Menschenwürde vereinbar.

Ohne Zweifel?

Mit Zweifel. Dann, wenn keine Partei-FunktionärIn oder NachrichtenübermittlerIn in der Nähe sitzt, steht, umher schleicht. Niemand mit Ambitionen auf einen Chefsessel oder zumindest auf ein Chefstühlchen möchte sich durch das Hinterfragen von Glaubenssätzen verdächtig machen, gar als dekadent gelten, wie es SympathisantInnen oder MitstreiterInnen für das bedingungslose Grundeinkommen erfahren müssen und sich leider häufig bieten lassen. Niemand, auch kein/e GrundeinkommensbefürworterIn, möchte spätestens bei der nächsten Partei-Postenvergabe in die Röhre gucken. Schließlich will man doch gebraucht werden. Auch hier. Von der Partei, die FürsprecherInnen für das Recht auf freie Beschäftigungswahl nicht braucht.

Gute GenosssInnen kämpfen für Lohnarbeit

Auch nur eine Stunde am Tag von der betagten Nachbarin gebraucht zu werden, mit ihr eine Tasse Kaffee zu trinken und den neusten Tratsch auszutauschen, ihr zu vermitteln, dass sie nicht allein ist, sondern nach wie vor dazugehört, ist eine gute Sache. Für die Nachbarin und für die Krankenkasse, also für die zahlende Solidargemeinschaft.
Doch kein Linker oder LINKER ist bislang Fahnen schwenkend und Kampfparolen rufend auf die Straße gegangen, um für SeniorInnenhilfe, gekoppelt an ein Grundeinkommen für die HelferInnen, zu streiten. Um die Alten sollen sich die Angehörigen (Frauen!) kümmern. Nach der Lohnarbeit.
Um nicht missverstanden zu werden: Natürlich soll ein Grundeinkommen nicht dazu dienen, dass Frauen begehrte – weil attraktive – Lohnarbeitsplätze freigeben und stattdessen Care-Arbeit übernehmen. Das Grundeinkommen soll dazu dienen, dass

jede/r das tun kann, was ihr oder ihm liegt. Auch wenn sie oder er eben über keine entsprechenden finanziellen Mittel verfügt. Alles andere widerspricht Artikel 3 des Grundgesetzes, nach dem alle Menschen gleich sind.
Und was die Care-Arbeit angeht: Die wird von jeher sowieso hauptsächlich von Frauen erledigt. Ohne Grundeinkommen. Häufig zusätzlich zur Lohnarbeit, die für Frauen nicht selten schmutzig, ungesund und mies bezahlt ausfällt. Oder zum Schaden anderer.

Auch die soll an dieser Stelle nicht unerwähnt bleiben: schädliche Lohnarbeit

Denn auch bei der Verrichtung schädlicher Lohnarbeit sollen sich die und der Lohnarbeitende gebraucht fühlen. So suggeriert es die LINKE. Bis zur nächsten Rüstungsfabrik brauchen wir nicht zu reisen. Bleiben wir in Berlin-Neukölln.
Um die Produktion gesundheitsschädlicher Waren, nämlich Zigaretten, zu verteidigen, lief kürzlich linker Kampfgeist einmal mehr zu Höchstleistung auf.
Die Philipp-Morris-GmbH baut Stellen ab. Seit den 1970er Jahren stellt Philipp Morris in Berlin Zigaretten her. In Berlin Neukölln

soll das Werk zwar nicht geschlossen werden, aber Veränderungen stehen an. Rund 75 Jobs bleiben, weitere Arbeitsplätze sollen gestrichen beziehungsweise verlagert werden. In der Partei Die LINKE organisierte GewerkschafterInnen sprachen von einem „unverantwortlichen“ Schritt, denn das Berliner Werk arbeite hochprofitabel, werde also gebraucht (um Lohnarbeitende gesundheitsschädliche Waren herstellen zu lassen). Es sei darum zu kämpfen, dass eine jahrzehntelange Berliner Tradition nicht zu Ende gehe.
Dass LINKE GewerkschafterInnen nicht zu Dauer-Mahnwachen vor der Neuköllner Philipp-Morris-Fertigungshalle aufrufen, weil immer weniger geraucht wird und Menschen deswegen ihre Lohnarbeit in der Zigarettenproduktion verlieren, also in diesem Bereich nicht mehr gebraucht werden, ist bestenfalls inkonsequent.

Hedonismus und Muße für alle?

Jede und jeder soll also nur noch an sich selbst denken und auch so handeln.
Wollen wir das?
Die Frage ist überflüssig, denn die wenigsten Menschen wollen fortwährend untätig sein beziehungsweise wollen selten

nur an sich selbst denken. Es mag Menschen geben, die in den Tag hineinleben können, sich lediglich an der Sonne, am Schnee, am bloßen Dasein als solchem erfreuen, nichts weiter tun, als spazieren zu gehen und das jeden Tag aufs Neue, ohne dass ihnen etwas fehlt. Aber es ist nicht die breite Masse, die einen solch höheren (aber sozial unverträglichen) Seinszustand entwickelt hat. Wir Unerleuchteten wollen uns messen, wollen uns und anderen etwas beweisen, wollen forschen, helfen, heilen. Wollen Gutes tun. Wollen für unser Tun belohnt werden, und zwar nicht nur mit Geld, sondern zudem mit Anerkennung.
Und wir Unerleuchteten, auch die, die sich eigenständig eine Aufgabe suchen könnten, möchten auf unsere Lohnarbeit häufig nicht verzichten. Auch dann nicht, wenn der Druck am Lohnarbeitsplatz krank macht.
Warum rät niemand den PatientInnen, endlich Anerkennung für jede Tätigkeit, egal, ob sie zu (wirtschaftlichem) Erfolg führt oder nicht, einzufordern und zu gewähren?
Für ein gutes Leben braucht es vor allem eins: Zufriedenheit mit dem, was man tut, weil man es kann. Für ein gutes Leben braucht es die Anerkennung der Zeitgenossinnen dafür.

Warum lehrt das niemand?
Dazu ein Gedankenexperiment:
Wenn Menschen tatsächlich von Natur aus egozentrisch und faul wären und die (Lohn)-Peitsche bräuchten – wie sähe unsere Gesellschaft dann aus?
Sicher nicht so, wie wir sie kennen mit all den Ehrenämtern, unbezahlten Projekten, Initiativen.

Und schließlich: LINKE-WählerInnen und -SympathisantInnen? Wie läuft es bei denen in Sachen gebraucht werden?

Zunächst dies zur Definition: Die LINKE-WählerInnenschaft setzt sich meiner Erfahrung nach in Berlin zusammen aus mittel bis gut gebildeten Menschen niedriger bis mittlerer Einkommensklasse, Alter zwischen 20 und 40, Gesinnung: den momentanen Zustand unserer Gesellschaft als ungerecht empfindend. Dazu kommen Menschen über 40, die entweder in der ehemaligen DDR sozialisiert wurden und nach deren Zusammenbruch noch nicht die Nase voll hatten vom Sozialismus oder Menschen, die in Westdeutschland sozialisiert wurden und Ideologien und Sehnsüchten, beispielsweise der nach Staatssozialismus, anhängen.

Gebraucht werden will diese Spezies natürlich auch.
Erhellend, aber keineswegs überraschend, war ein Sommernachmittag des Jahres 2018 im Karl-Liebknecht-Haus, Sitz der Berliner Partei Die LINKE. Alle Arbeitsgemeinschaften der Partei waren eingeladen, interessierte BerlinerInnen über ihr Tun zu informieren. Unter dem Dach der LINKEN gibt es Arbeitsgemeinschaften zu den Themen Umwelt, Frauenrechte, Migration, Behinderte, SeniorInnen und vielem mehr. Man befasst sich mit dem jeweiligen Fachgebiet und versucht, Arbeitsergebnisse in die Parteipolitik einfließen zu lassen.
Ich betreute an eben diesem Sommertag den Stand der Bundesarbeitsgemeinschaft Grundeinkommen. Am späten Nachmittag herrschte Andrang im Liebknecht Haus. Auch an meinem Stand. BesucherInnen blieben stehen, suchten sich Informationsmaterial aus. Stellten Fragen zum aktuellen Stand des Grundeinkommens, die ich nach bestem Wissen beantwortete.
Und auch ich stellte Fragen. Jede/n, die und der stehenblieb, fragte ich, ob sie/er lohnarbeiten würde, und falls ja, in welcher Branche. Und ob die jeweilige Lohnarbeit

das Gefühl vermittelte, man werde gebraucht. Wenn beides mit ja beantwortet wurde, fragte ich, ob man eben diese Lohnarbeit auch bei Bezug eines Grundeinkommens weiterhin erledigen würde.
Meine Befragung, die natürlich nicht repräsentativ ist, ergab, dass so gut wie jede/r Lohnarbeitende weitermachen würde. Und meine Befragung ergab noch mehr. Die, die nach einigen Verrenkungen erklärten, Hartz IV zu beziehen (das man diesen Umstand weder bei einer rechten noch bei einer linken Veranstaltung herausposaunt, haben die meisten Menschen kapiert – wenn auch nur unbewusst), versicherten, als fände an meinem Stand eine amtliche Befragung statt, sie würden selbstverständlich nicht untätig sein. Man beeilte sich zu erklären, beschäftigt zu sein, aber eben momentan kein Gehalt zu beziehen. Man sei natürlich auf der Suche nach Lohnarbeit, wurde betont. Bis dahin würde man sich um die Familie oder Bekannte kümmern. Ein Ehrenamt ausüben. Und sei darüber hinaus künstlerisch tätig, hieß es beschämt, als sei dies hoch unanständiges Tun.
Bei den Befragten handelte es sich nach eigenem Bekunden in der Mehrzahl um

SympathisantInnen linker Politik. Niemand von ihnen äußerte selbstbewusst: Nein, ich lohnarbeite nicht, aber ich bin für Familie und NachbarInnen oder Menschen, die Hilfe brauchen, da und das ist eben so wichtig wie Lohnarbeit.

Und die unzufriedenen Lohnarbeitenden ?

Auf meine Frage, ob bei Bezug eines Grundeinkommens weiter lohngearbeitet werden würde, bejahten auch fast alle derer, die nach eigenen Angaben mit ihrer Stelle nicht ganz zufrieden waren. Man brauche sie schließlich. Vielleicht würde man auf Teilzeit gehen, räumten einige wenige ein. Natürlich kann man aufgrund dieser Nachmittagsumfrage nicht darauf schließen, dass alle in ihrem Job weitermachen würden, gäbe es ein bedingungsloses Grundeinkommen. Andere Befragungen haben nämlich schon zutage befördert, dass die Befragten sehr wohl weiter lohnarbeiten würden, sich dabei aber ganz sicher waren, ihre NachbarInnen würden dies nicht tun. Da fast jeder von uns NachbarInnen hat, stünde es also laut dieser Befragung schlecht um die Lohnarbeit.

Noch einmal zurück zu meiner nicht repräsentativen Befragung an jenem Nachmittag im Karl-Liebknecht-Haus. Wenn man ein Fazit ziehen möchte, kann man feststellen, dass die BesucherInnen eines linken Informationsnachmittags perfekt konditioniert waren. Wer meint, gebraucht zu werden, erträgt. Wer lohnarbeitet, fühlt sich auf der sicheren Seite und strahlt dies durch entsprechendes Selbstwertgefühl aus. Wer nicht lohnarbeitet, aber dennoch gebraucht wird, schlägt leisere Töne an.
Jahrhundertelanger Zermürbung sei Dank.

Christlich
Es ist überliefert, dass die und der Lohnarbeitende die Möglichkeit hat, sich durch Plage und Mühe ein Anschlussticket ins Paradies zu sichern. In der protestantischen Ethik schätzt man die Chancen dafür besonders gut ein. Pflichterfüllung und gottgefälliges Tun bis zum Zusammenbruch – und ab geht die Fahrt erster Klasse geradewegs empor zur ewigen Seligkeit.
Wer auf das eigene Wohlbefinden pocht, soll angeblich Pech haben. Die Reise geht

dann nämlich in die entgegengesetzte Richtung. Abwärts. In der Holzklasse.

Ein paar frühe Stimmen dazu:

Paulus, Der zweite Brief des Paulus an die Thessalonicher
10 Denn schon als wir bei euch waren, geboten wir euch: Wer nicht arbeiten will, der soll auch nicht essen.

11 Denn wir hören, dass einige unter euch unordentlich leben und nichts arbeiten, sondern unnütze Dinge treiben.

12 Solchen aber gebieten wir und ermahnen sie in dem Herrn Jesus Christus, dass sie still ihrer Arbeit nachgehen und ihr eigenes Brot essen.

Und Luther:
"Der Mensch ist zur Arbeit geboren wie der Vogel zum Fliegen."
"Müßiggang ist Sünde wider Gottes Gebot, der hier Arbeit befohlen hat."

Dabei wollen wir es belassen.
Es ist sicher deutlich geworden, dass Menschen unter Aufbietung aller Mittel, wie beispielsweise durch Drohungen, bis in

alle Ewigkeit an einem obskuren, ungemütlich heißen Ort namens Hölle schmoren zu müssen, von jeher auf Kurs gebracht wurden.
Nächstenliebe geht anders.
Es erstaunt wenig, dass von Seiten der Fürsten und Feudalherren nicht interveniert wurde. Ebenfalls leuchtet ein, warum Religion als fester Bestandteil der kapitalistischen Gesellschaftsordnung in die Moderne und dann in die Postmoderne mitgenommen und wiederum fest verankert wurde.
Erstaunlich ist jedoch, dass es bis heute in Deutschland keine nennenswerte emanzipatorische Bewegung gibt, der es gelingt, sich in der Öffentlichkeit Verhör zu verschaffen und zu fordern, dem Lohnarbeitsirrsinn zumindest den religiösen Lack herunter zu beizen.
Im Gegenteil. Eine LINKE, die sich als fortschrittliche, emanzipatorische Kraft des Landes geriert, hält erstmals in der Geschichte linker Bewegungen Religion hoch. Im Rahmen dessen werden aus der Partei heraus beispielsweise ReligionskritikerInnen als islamophob bezeichnet, als wäre Kritik an patriarchalen Zwangsdoktrinen eine Phobie, also eine krankhafte Störung. Diese LINKE schreckt

nicht einmal davor zurück, einen Mann, der ein System aus Schuldkomplex, Zölibat, Frauenentwertung, Homosexuellenverachtung und sexualisierter Gewalt gegen Kinder vertritt, zum Posterboy zu küren.

Europawahl 2019

Anlässlich der Europawahl 2019 buhlte der Papst höchstpersönlich auf einem Plakat der Partei Die LINKE um WählerInnenstimmen. Der Slogan lautete: „Wenn die Politik wirklich den Menschen dienen soll, darf sie nicht Sklave der Wirtschaft und Finanzwelt sein."
Ach so? Aber die Menschen dürfen SklavInnen der Wirtschaft sein? Damit zu werben, dass nicht nur die Politik, sondern auch der Mensch frei sein soll, nämlich unter anderem frei, sich dem Lohnarbeitswahn der Regierenden und der Kirche zu entziehen, kommt den LINKEN offenbar nicht in den Sinn.
Nebenbei: Man hatte es offenbar versäumt, die Katholiken (ich gebrauche hier bewusst lediglich die männliche Form) um Erlaubnis zu fragen, ob man mit ihrem Oberhaupt werben darf. Man durfte nicht, wie sich herausstellte, als das Plakat hing. Die

katholische Kirche war not amused. Das Wahlplakat stelle eine unzulässige Vereinnahmung des Papstes für den Wahlkampf dar, kritisierte das katholischen Bistum Speyer, in dem vermutlich niemand die Partei Die LINKE wählt.
Der Posterboy war schneller Geschichte, als dass er noch mehr linke Groupies hätte um sich scharen können.

Und die anderen Parteien?

Auch bei den Konservativen geht es nicht eben menschenfreundlich zu, aber durchaus nach alten guten christlichen Werten. Nehmen wir die Partei, die das Christliche im Namen trägt.
Die Homepage der CDU meldet (Stand Sommer 2019): „In Deutschland haben heute fast 43 Millionen Menschen Arbeit, so viele wie noch nie. Seit 2005 hat sich die Arbeitslosenquote nahezu halbiert. Für unsere Jugend gibt es heute ausreichend Ausbildungsplätze, die Jugendarbeitslosigkeit bei uns ist die niedrigste in ganz Europa.
Wir haben Rekordbeschäftigung, unser Arbeitsmarkt bleibt in Schwung. Das sorgt auch für soziale Sicherheit. Dank leistungsfähiger Wirtschaft und engagierter

Menschen. Und dank der erfolgreichen Politik der CDU-geführten Bundesregierung."

Dass zahllose Menschen nicht mehr vom Gehalt ihrer Lohnarbeit leben können und ergänzende Sozialleistungen beantragen müssen, um beispielsweise die Miete zu zahlen, dass SteuerzahlerInnen also Unternehmen und VermieterInnen subventionieren, steht auf der CDU-Homepage nicht. Lohnarbeit scheint auch für die CDU kein Mittel zum Zweck zu sein. Lohnarbeitenden und deren Familien ein gutes, auskömmliches Leben zu ermöglichen, hat offenbar für ChristInnen keine Priorität. Lohnarbeit soll um ihrer selbst willen erledigt werden. Dass immer mehr erwerbstätige Menschen oder RentnerInnen, die ihr Leben lang zu Niedriglöhnen geschuftet haben, bei Tafeln um Lebensmittel betteln müssen, wäre ein Thema für die, die sich der Menschenliebe verschrieben haben. Für die ChristdemokratInnen ist es indes keins. Fast 43 Millionen Menschen haben in Deutschland laut CDU (Lohn)Arbeit, also führen 43 Millionen Menschen automatisch ein würdevolles Leben. So suggerieren es uns die demokratischen ChristInnen.

Mehr noch. Lohnarbeit ist für die CDU nicht nur Fetisch, sondern gleichzeitig auch Ramschware. Dass schmutzige, unangenehme Lohnarbeit erledigt werden soll, ohne dass als Gegenleistung ein auskömmliches Gehalt gezahlt wird, ist allem Anschein nach bundesdeutsche, christliche Selbstverständlichkeit.

Und die SozialdemokratInnen?

Es reicht vermutlich ein Zitat, um das ganze Elend bei diesen auf den Punkt zu bringen: "Nur wer arbeitet, soll auch essen."
So sprach SPD Minister Müntefering am 9. Mai 2006 in der Bundestagsfraktion der SPD zum geplanten „SGB II-Optimierungsgesetz".
Kommt uns das irgendwie bekannt vor? Richtig. Menschenfreund Paulus lässt grüßen.
Dass es mit den sozialen DemokratInnen nur noch bergab geht, ist allerdings kein Hinweis darauf, dass die deutsche Bevölkerung sich grundsätzlich nicht mehr vom christlichen Glanzanstrich der Lohnarbeit blenden lassen will.
Die Partei Alternative für Deutschland, kurz AfD, der nicht wenige Menschen, die mit ihrem Lebensstandart zurecht unzufrieden

sind, zulaufen, hält christliche Lohnarbeitswerte ebenfalls hoch. Im Parteiprogramm, das allem Anschein nach nicht jede/r WählerIn liest, steht, dass Hartz-IV-Betroffene zur Arbeit gezwungen werden sollen. Eine prächtige Partei für die Entrechteten der Gesellschaft!
Und auch Bündnis 90/Die Grünen, ebenfalls eine Partei mit aktuell großem Zuspruch, und zwar aus gut bis hochgebildeten Kreisen (die aufgrund hoher Bildung aber nicht automatisch im deutschen Hochlohnsektor tätig sind), grenzt sich weder vom christlichen Lohnarbeitsethos ab noch hat sie es bislang fertiggebracht, ein Konzept für einen zeitgemäßen, menschenfreundlichen Lohnarbeitsmarkt vorzulegen.
Aber wie ist es bei der Spaß-Partei DIE PARTEI?
Die haben doch mit protestantischem Arbeitsethos sicher nichts im Sinn?
So ist es. DIE PARTEI lässt zwar Gott und Kirche aus dem Spiel, ersetzt diese aber in der Lohnarbeitsfrage durch dümmlichen Sexismus, getarnt als Satire.
Aus dem DIE-PARTEI-Wahlprogramm zur Bundestagswahl 2017:

“ Um die fruchtlose Debatte zum 'Gender Pay Gap' in Führungsriegen zu beenden, werden Managergehälter zukünftig an die BH-Größe gekoppelt.“

Man darf somit feststellen, dass Politik von links bis rechts und bis hin zum Christentum in Sachen Lohnarbeitswahn nach wie vor Hand in Hand arbeiten. Mit Ausnahme von ein paar Clowns, die in diesem Fall auf das altbewährte Mittel Disziplinierung durch Herabwürdigung der Frau vertrauen.

Womit wir bei D wie
Disziplin
wären

Dass die Erzählung über das fleißig und diszipliniert arbeitende deutsche Individuum, das das Wirtschaftswunder hervorbrachte, eine Mär ist dürfte mittlerweile bekannt sein. Es gibt fleißige, disziplinierte Deutsche, es gibt fleißige, disziplinierte Nicht-Deutsche. Und es gibt in allen Völker Menschen, die langsam und wenig lohnarbeiten. Oder gar nicht. Weil sie nicht müssen oder wollen oder können. Lohnarbeiten solche ZeitgenossInnen, die in wohlhabenden Familien geboren wurden oder im Lotto gewannen nicht hart und schmutzig, wird das in aller Regel akzeptiert. Man würde es ja selbst auch so halten, wenn man Glück gehabt hätte. Diejenigen, die vom ersten Tag ihres Lebens an arm waren oder nie im Lotto gewinnen und es dennoch wagen, nicht lohnzuarbeiten sind hingegen mindestens moralisch suspekt.

Zurück zum Thema: disziplinierte Deutsche?

Bekanntermaßen kurbelten nach dem 2. Weltkrieg die USA mit Hilfe des Marshall-Plans die westeuropäische und somit auch die deutsche Wirtschaft an. Vielleicht war man in Amerika der Meinung, dass jemand, der sonntags Braten mit Klößen essen kann und einen Opel in der Garage stehen hat, die nach der Shoa nicht mehr zahlreich vertretenen jüdischen Menschen in Ruhe lässt.
Das ist natürlich reine Spekulation und war, selbst wenn die Besänftigung des germanischen Gemüts ein Faktor gewesen wäre, sicher nicht das Hauptmotiv für den Marshall-Plan. Bestimmt kam unter anderem dazu, dass Amerika die russische

Kolonie in Deutschland als Konkurrenzsystem wahrnahm.
Wie auch immer – Deutsche erlebten unter anderem aufgrund amerikanischer Programme, wozu auch der Abbau von Handelsbarrieren gehörte, das „Wirtschaftswunder“.
Ein ganz wichtiger Aspekt aber, der gern bis heute wenn nicht totgeschwiegen, so zumindest kleingeredet wird, war, dass der Rechtsnachfolger des dritten Reichs, Deutschland, noch lange nach dem 2. Weltkrieg von Millionen ZwangsarbeiterInnen profitierte, die aus den von Deutschen besetzten Gebieten ins Deutsche Reich verschleppt worden waren, dort unter grausamen Bedingungen schuften mussten und somit dafür sorgten, dass Deutschland nach Kriegsende zumindest materiell nicht völlig am Ende war. Als es dann ab Kriegsende um die Entschädigung all dieser Menschen ging, trickste und feilschte Deutschland in einer unerträglich würdelosen Weise um Zahlungen, setzte auf Verjährung oder weigerte sich ganz einfach zu zahlen, in der Hoffnung, die Opfer würden nicht klagen, beziehungsweise würden sterben, bevor es zu Urteilen käme.
Derweil mampfte das deutsche Bürgertum am neuen Eiche-rustikal-Couchtisch

Buttercremetorte, sippte Bohnenkaffee und ergötzte sich am vermeintlich selbst erarbeiteten Wohlstand.
Und schließlich, nämlich ab den 1950er Jahren, kamen die sogenannten GastarbeiterInnen, hauptsächlich TürkInnen und ItalienerInnen, nach Deutschland. Es gibt keine Berichte, Dokumente oder Überlieferungen, die belegen, dass diese Menschen fauler oder undisziplinierter waren als deutsche LohnarbeiterInnen.

Zeitsprung: Linke, LINKE und die Disziplin

Natürlich verhält es sich mit Linken und LINKEN wie mit dem Rest der deutschen Bevölkerung. Linke und LINKE sind keine homogene Truppe tadelloser Verfechter von Lohnarbeitsdisziplin, sobald es um ihr eigenes Tun geht. Auch sie verschlafen, haben dafür lahme Ausflüchte, wie kaputte Wecker oder empörend unzuverlässige Busfahrer, für deren Arbeitsrechte es dann ausnahmsweise mal nicht zu kämpfen gilt. Und auch Linke und LINKE teilen den kuriosen montäglichen Ausbruch deutschen Humors, wovon ich mich einst in einem Kulturbüro voller erklärt links denkender Menschen Woche für Woche überzeugen

durfte. Den Schnack, in dem es darum ging, wie viel Zeit man noch zu überstehen habe, um endlich wieder ins Wochenende gehen zu können, fanden Linke offenbar ebenso des heiteren Gelächters würdig wie den „Witz“, der zum Gegenstand hat, dass einem ohne Lohnarbeit die Freuden des freien Wochenendes nicht zuteil werden würden.
Nun darf man Menschen, die tagtäglich Aufgaben zu bewältigen haben, die unter anderem intellektuelle Fähigkeiten erfordern, zutrauen, dass sie eine Pointe begreifen. Im vorliegenden Fall zum Beispiel die, dass ohne jede Lohnarbeit an allen Tagen frei wäre oder, da immer Arbeit außerhalb der Lohnarbeit anliegt, man an ganz anderen Tagen arbeiten oder entspannen würde. Dennoch erzählte man den „Witz“ von den Freuden des Wochenendes mit Leidenschaft.

Warum?

Darüber kann ich nur spekulieren, denn, da ich ungern als Spaßbremse fungiere, fragte ich nie nach. Vielleicht wollte man sich gegenseitig lediglich versichern, dass man das freie Wochenende und somit die Möglichkeit zur Muße und Entspannung schätzte, weil man zu denen gehörte, die wissen, was sich gehört, oder besser, was zum Menschsein zwingend dazugehört, nämlich die Lohnarbeit.

Partei-Mitglieder

Doch selbst LINKE-Mitglieder, die an realisierbaren Grundeinkommensmodellen arbeiten, sind nicht davor gefeit, im Disziplin-Sumpfgebiet auszurutschen. 2017: Ein Mitstreiter der Landesarbeitsgemeinschaft Grundeinkommen sollte kandidieren, fand ich. Für den Bundesvorstand der Partei Die LINKE. Um die Idee des Grundeinkommens dort einzuschleusen. Er, knapp über 30, ganzheitlich-urban denkender Akademiker mit Festanstellung in seiner Qualifikation, und ich waren uns in diesen drei Punkten stets einig gewesen: 1. Lohnarbeit müsse vom Einkommen, und damit von der Lebensberechtigung der Menschen entkoppelt werden. 2. Die SozialistInnen und GewerkschaftlerInnen – im Bundesvorstand der Partei Die LINKE überrepräsentiert – pflegten und fetischisierten einen bedenklichen Lohnarbeitsbegriff, der einer Partei, die sich als emanzipatorisch gerierte, unwürdig ist.

Und 3. Eine regelrecht stürmische Windböe wäre nötig, um den alten Muff à la Luther und NS hinaus zu lüften.
Der junge Mann hatte meiner Meinung nach das Zeug dazu, es zu richten.
Doch so einfach ist das nicht. Auch nicht bei freidenkenden LINKEN, die sich zwar gegen die Parteiideologie auflehnen, sich aber gleichzeitig, und sei es unbewusst, offenbar in einer Revolutionsphase steckend wahrnehmen, die vorübergeht. So erklärte mir eben jener junge LINKE, bevor er kandidierte, müsse er zunächst eine gewisse Strecke Lohnarbeitsleben hinter sich bringen.
Warum er nicht parallel zu seiner Lohnarbeit, die er ja nicht aufgeben müsste, das Grundeinkommen in die Parteivorstandköpfe hieven könnte, interessierte mich.
Darauf wusste er keine Antwort, oder besser: nicht gleich. Nach ein paar Minuten Bedenkzeit verkündete er schließlich, WählerInnen würden ihn nach den paar Jahren Berufsleben nicht ernst nehmen.
Da ist natürlich etwas dran, zumindest in Bezug auf die von LINKEN imaginierte Entscheidung ihrer WählerInnen.
Bei den Liberalen oder bei den Konservativen sind (Jung-)Berufspolitiker,

die nie einer Lohnarbeit nachgegangen waren, sondern sich nach ihrem Studium lediglich mit Parteiarbeit befasst haben, übrigens keine Seltenheit. Was bezeichnenderweise häufiger von LINKEN moniert wird, als die konservative oder neoliberale Politik der Betreffenden.

Noch eine Anekdote

Ein paar Monate meines Lebens arbeitete ich am Empfang eines Gemeinschaftsbüros, gemietet von vier amerikanischen Architekten, die in Berlin temporär an einem Bauprojekt arbeiteten. Die anderen Servicekräfte für Empfang, Telefon, Gäste- und Konferenzbetreuung waren sämtlich Amerikanerinnen. Montagswitze gab es unter ihnen nicht. Dafür Hohngelächter darüber, wie miserabel deutsche Unternehmen zahlen würden und wie gewissenhaft deutsche Frauen diese Jobs dennoch ausführten. So hat jede Nation ihren Sinn für Humor. Hohe Disziplin war den Amerikanerinnen übrigens auch zu eigen. Und die Architekten zahlten dafür einen guten Lohn.

Na, schön, und wie halten es erwerbslose Linke mit der Disziplin?

Und gibt es das überhaupt – erwerbslose Linke?
Offiziell gibt es sie nicht.
Dass man gar nicht lohnarbeitet, lässt man in linken Parteikreisen nicht verlauten, außer man schließt sich nach solcherlei Bekenntnis sofort einer Revolutionsgruppe gegen Hartz IV an.
Wer links ist, Hartz IV bezieht und sich outet ist zudem jederzeit bemüht, den lohnarbeitenden KampfgenossInnen gegenüber zu betonen, wie sehr man sich um Lohnarbeit bemühe. Und weil ständige Lippenbekenntnisse das Zeug haben, nervtötend zu werden, funktioniert das Zurschaustellen der eigenen Lohnarbeitswilligkeit unter anderem über den Trick, zu beklagen, dass die Sachbearbeiterin im Jobcenter die hohen Bewerbungskosten nicht erstatten wolle oder auch diese Woche wieder gar kein sinnvolles Arbeitsangebot vorschlagen konnte. Die lohnarbeitenden GenossInnen nicken das stumm und – je nach Parteiströmung – misstrauisch ab. Beim stramm sozialistischen Flügel der Partei Die LINKE gibt man beispielsweise laut und ehrlich zu, dass man nur diejenigen, die lohnarbeiten als berechtigt und fähig zur

wahren Revolution befindet. Natürlich wissen auch die SozialistInnen, dass eben diese Weltrevolution nie zustande kommen wird. Und sind froh darüber. Denn niemand, nicht mal SozialistInnen, arbeitet daran, sein/ihr eigenes Geschäftsmodell überflüssig zu machen.

Zurück zu den Normalsterblichen

Nur mal zum Vergleich – wie halten es unsere NachbarInnen mit der Disziplin? Zum Beispiel Frankreich, Paris. Auch dort wird lohngearbeitet.
Und mittags zwischen 12 und 2 sind die kleinen Restaurants, Cafés, Bistros in den Bürovierteln überfüllt. Das lohnarbeitende Volk hat Mittagspause. Anders als die deutschen KollegInnnen hockt man in Paris offenbar ungern in einer Betriebskantine, um bräsig schweigend oder unter Geschimpfe und Beschwerden innerhalb von 30 Minuten Dosenerbsen, eine Rinderroulade und Schokoladenpudding mit Sprühsahne-Häubchen in sich rein zu spachteln.
In Paris geht man offenbar lieber aus. Sitzt bei entsprechendem Wetter in der Sonne. Kommt man als Touristin an so einem Lohnarbeitstisch mit den Pausierenden ins

Gespräch, fragt man gar, in welchem Bereich sie lohnarbeiten, heißt es gern: Ich arbeite nicht. Ich muss das nicht.
Als Deutsche versteht man die Pointe nicht. Nachdem mir das zwei Mal passiert war, hakte ich nach.
Aha, Deutsche.
Ein bisschen wurde ich noch hingehalten. Aber dann erfuhr ich, wie die Dinge liegen. So, wie es in Deutschland üblich ist, sich stets in die privilegierte Lage zu versetzen oder zu imaginieren, Lohnarbeit verrichten zu dürfen, sogar indem man für einen Euro Stundenlohn zur Tat schreitet und dadurch anderen auskömmlich bezahlte Lohnarbeit wegnimmt (die Hartz-IV-Gesetze machen es möglich) läuft es in Frankreich andersherum. Es ist üblich zu behaupten, man lohnarbeite nicht. Gar nicht. Die Französin und der Franzose brüsten sich nicht damit, Lohnarbeit zu verrichten. Sich mit simulierter Lohnarbeit zu brüsten liegt vermutlich vollkommen außerhalb jedes französischen Vorstellungsvermögens. Dennoch, Französin und Franzose kehren nach einer mindestens einstündigen Mittagspause ebenfalls an ihre Lohnarbeit zurück und machen weiter. Es gibt keine Erhebungen, dass sie dabei weniger diszipliniert zu Werke gehen als Deutsche.

Und gegenüber?

Blicke ich vom PC-Bildschirm auf, kann ich durchs Fenster drüben auf der anderen Straßenseite den Gebrauchtwagenhändler beobachten. Das Geschäft scheint zu laufen, täglich werden Autos von der Familienkutsche bis zum besprühten VW-Bus gebracht oder geholt.
Der ehemalige Händler war dem Aussehen nach zu urteilen deutsch. Auch wurde Deutsch gesprochen, wenn seine Kumpel kamen, um mit ihm an den gebrauchten Wagen und an ihren Motorrädern herumzuschrauben. Morgens gegen elf schloss der Boss den Metallzaun um seinen Autohof und das kleine Bürohäuschen mit angegliedertem Werkzeugschuppen auf, ab dem Nachmittag trafen die Kumpel ein. Es ging gemächlich zu. Bei Hitze saß man auch mal den Tag über in der Sonne zwischen den Autos und trank Bier. Es lief Rock´n ´Roll-Musik.
Letzten Sommer schienen die Geschäfte nicht mehr zu laufen – oder der Händler hatte keine Lust mehr auf Autos.
Sein Nachfolger, der tagelang in den Betrieb eingeführt wurde, ist türkischstämmig. Er ist freundlich und grüßt alle NachbarInnen;

offenbar hat der Autohändler vergessen zu erklären, dass das bislang nicht üblich war. Auch war es bislang nicht üblich, dass der Metallzaun um 9 Uhr morgens pünktlich aufgeschlossen wurde. Der neue Gebrauchtwagenhändler brachte moderne Leuchtschilder am Zaun an, den er vorher gestrichen hat. Dann renovierte er den Schuppen. Ist keine Kundschaft da, wäscht er seine Autos. Fegt seinen Hof. Ist es heiß und staubig, spritzt er die Straße vor seinem Grundstück mit dem Wasserschlauch ab. Deutsche Disziplin gegen „orientalische" Faulheit?

Europa

Anders als in Deutschland, wo zahlreiche Linke und LINKE vermutlich zumindest unbewusst begriffen haben, dass sich die Lohnarbeitskultur des letzten Jahrhunderts dem Ende zuneigt, jedoch meinen, diesem Umstand mit Mitteln des letzten Jahrhunderts beikommen zu können, sind einige europäische Linke und SozialistInnnen bereits in der Realität angekommen. Beispielsweise erachtet man die Idee des bedingungslosen Grundeinkommens für zumindest diskussionswürdig.

Schauen wir nach Großbritannien. Die englischen/walisischen Grünen, Green Party UK, zeigen sich an Grundeinkommens-Projekten interessiert und auch in der Labour Party wurde im Jahre 2017 eine Arbeitsgruppe zum Grundeinkommen gegründet. Anders als innerhalb der deutschen Partei Die LINKE, wo die Bundesarbeitsgemeinschaft Grundeinkommen lediglich geduldet wird, kommuniziert die Labour Party geschlossen nach außen, sich mit der Idee des bedingungslosen Grundeinkommens zu befassen und mit der Bevölkerung in einen Dialog zum Thema treten zu wollen.
Das Grundeinkommen „[…] has the potential to offer genuine social security to all while boosting entrepreneurialism [...].“
Das Grundeinkommen hat laut Labour Party das Potential, für soziale Sicherheit zu sorgen und den Gründergeist zu stärken.
Ist das bedingungslose Grundeinkommen gar der Sozialismus der Postmoderne?
Den gesamten Artikel im *Independend* findet man bei
Interesse im Internet, außerdem einen Artikel zum Thema
Grundeinkommen bei den britischen Grünen. https://www.independent.co.uk/

news/uk/politics/universal-basic-income-british-parliament-to-consider-motion-uk-a6823211.html
https://www.independent.co.uk/news/uk/politics/labour-sets-up-working-group-to-investigate-radical-idea-of-basic-income-john-mcdonnell-reveals-a7563566.html

Die britische Sicht der Grünen und SozialistInnen auf das Thema Grundeinkommen ist pragmatisch und fernab vom unrealistischen, unzeitgemäßen Bewusstsein und einer ideologisch bedingten Abwehrhaltung der deutschen LINKEN. Selbst wenn nicht alle britischen Linken im bedingungslosen Grundeinkommen das optimale Zukunftsmodell sehen, ist ihnen, anders als zahlreichen deutschen Linken und LINKEN, offenbar klar, dass in Zeiten von Globalisierung, Industrie 4.0 sowie dem Scheitern aller Nationen mit sozialistischen Wirtschaftssystemen alter Schule, eben diese Form des Staatssozialismus in keinem demokratischen Land jemals wieder auch nur die geringsten Chancen auf Verwirklichung haben wird.

Wie dann?

Es müssen zeitgemäße Lösungen her. Kühnes Denken hilft nicht nur, sondern ist gefordert. Wer starrsinnig an Systemen von gestern festhält, die nicht funktionieren, weil sie bereits heute gar nicht mehr funktionieren können, gehört in den Vorstand des regionalen Folklore-Vereins, aber nicht in die Politik.

Flüchtlinge

Im Jahre 2015 flohen, unter anderem wegen des Bürgerkriegs in Syrien, weitaus mehr Menschen als in den Jahren zuvor nach Deutschland. Zudem flohen Menschen aus Nordafrika und Osteuropa aufgrund ihrer wirtschaftlich aussichtslosen Lage zu uns. Wie die deutsche Bevölkerung mit einer großen Anzahl Menschen aus fremden Kulturen umgehen würde und wie die Geflüchteten die Stimmung im Land beeinflussen könnten, war die deutsche Politik anfangs noch nicht in der Lage einzuschätzen.

Zahllose BürgerInnen halfen zunächst, Geflüchtete zu versorgen und zu unterstützen, die Stimmung der Deutschen war überwiegend überdreht positiv, wie es

in einem Land ohne Grautöne kaum anders sein kann.
Bald kristallisierten sich Tendenzen heraus. Zum Beispiel, dass die Fluchtbewegung nach Deutschland sich positiv auf die Lohnarbeitssituation von bislang arbeitssuchenden oder projektbezogen arbeitenden GeisteswissenschaftlerInnen und prekär beschäftigten Menschen, die sich hauptsächlich künstlerisch betätigen, auswirken würde. Sicher werden auch andere Berufsgruppen profitiert haben. Da mein persönliches Umfeld jedoch zu einem großen Teil aus GeisteswissenschaftlerInnen und KünstlerInnen besteht, möchte ich mich, um nicht spekulieren zu müssen, auf diese Gruppe beschränken.
In meinem Bekanntenkreis haben die meisten Menschen Hochschulabschlüsse im Bereich Sprachen oder Soziologie vorzuweisen. Kunst- und Schauspielschulen, Dekorateur-Ausbildungen oder verschiedene Aushilfstätigkeiten am Theater dienten als Sprungbrett in ein Dasein als künstlerisch freischaffende Person. Ein nicht geringer Teil dieser Leute, bis 2015 prekär lebend, fand ab dann unkompliziert Lohnarbeit im Bereich der Flüchtlingsbetreuung und -beschulung. Voraussetzung für diese

Tätigkeiten war ein Hochschulabschluss, hinzu kamen Schnell-Qualifizierungskurse von wenigen Wochen. Danach durfte man beispielsweise in einer Flüchtlingsunterkunft mitorganisieren oder Deutsch unterrichten oder Flüchtlinge in verschiedenen Angelegenheiten des Alltags beraten. Fürstlich wurde man dafür nicht entlohnt, aber in den allermeisten Fällen besser als bislang. Viele meiner Bekannten haben ihre Lohnarbeitsplätze bis heute (Stand Herbst 2019) behalten, zwar mit Kettenzeitverträgen, doch das ist in Berlin trotz Einschränkungen und Auflagen sowieso immer noch die Regel.
Eine nicht geringe Anzahl westeuropäischer Menschen, die auf dem regulären Lohnarbeitsmarkt jahrelang nur geringe oder temporäre Chancen gehabt hatten wurden also plötzlich deshalb gebraucht und gelangten in geregelte Lohnarbeit, weil eine Anzahl osteuropäischer oder arabischer Menschen, die (abzüglich der Kriegsflüchtlinge) zu Hause keinen Chance mehr sahen, sich und ihre Familie zu ernähren, das Land wechselten. Man könnte das als ein Paradebeispiel von globalisierter Lohnarbeitsbeschaffungsmaßnahme bezeichnen.

Die Fluchtbewegung nach Deutschland kam auch denen zugute, die nicht lohnarbeiteten

Für erwähnenswert halte ich eine Beobachtung ab dem Jahr 2016. Zum ersten Mal seit der Einführung von Hartz IV erlahmte die Stimmungsmache und Hetze gegen Menschen, die nicht oder nach Ansicht der Zuständigen im Arbeitsministerium nicht ausreichend lohnarbeiteten. Gerade noch zur größten Bedrohungen unserer Gesellschaft erklärt wurde es plötzlich still um diese Hartz IV beziehenden Schädlinge. Woran mochte das liegen?

Ab der Silvesternacht 2015/2016, während der Frauen Opfer männlicher Übergriffe am Kölner Hauptbahnhof wurden, kippte die bis dahin mehrheitlich überdreht positive Stimmung gegenüber Flüchtlingen ins Gegenteil. Bei den Gewalttätigen hatte es sich fast ausschließlich um nichtdeutsche Männer gehandelt. Wenig später stellte sich heraus, dass unter den Tätern auch Flüchtlinge waren.

Diejenigen, die von 2015 an gemahnt hatten, die Fluchtbewegung nach Deutschland sachlich und pragmatisch zu betrachten und mögliche Probleme nicht unerwähnt zu lassen, erhielten jetzt Gehör von denen, die zwar ebenfalls keiner den Umständen unangemessener Euphorie verfallen gewesen waren, sich aber einer durch Presse und Regierung befeuerten deutschen Einmütigkeit angeschlossen hatten, die die Unterbringung von Flüchtlingen nicht als Notwendigkeit und humanitäre Pflicht sondern als schillernde deutsche Großtat feierte. Auch Kreise, in denen man grundsätzlich und aus Überzeugung Ressentiments gegen Nichtdeutsche und Menschen mit anderer Hautfarbe hegt, meldeten sich nun lauter zu Wort. Es flogen Steine in Flüchtlingsunterkünfte. Die allgemeine Stimmung drohte zu kippen.

Der sozialdemokratische Minister Sigmar Gabriel bezeichnete in der Folge GewalttäterInnen und TeilnehmerInnen an Märschen gegen die Aufnahme von weiteren Flüchtlingen als „Pack“ und „Dunkeldeutsche“. Die Presse berichtete. Doch bei aller Schelte – Hartz-IV-Betroffene wurden von Gabriel, dessen Partei Urheberin der Hartz-IV-Gesetze ist, nicht gesondert identifiziert und benannt (und beschimpft). Erste Priorität hatte im Moment die Verteidigung des Ansehens der großen Koalition, die auf Geheiß Merkels nicht veranlasst hatte, im Herbst 2015 deutsche Grenzen zu schließen. So wurde die Guten, die nicht gegen Aufnahme von Flüchtlingen demonstrierten (unter denen auch Hartz-IV-Beziehende sein konnten), den Schlechten, die gegen Regierungspolitik rebellierten, gegenüber gestellt. Auf die Gruppe der Erwerbslosen einzudreschen, ja diese überhaupt zu benennen, wäre in diesem Fall nicht nur sinnlos, sondern geradezu kontraproduktiv gewesen. Unter den ehrenamtlichen FlüchtlingshelferInnen befanden sich zahllose Hartz-IV-Beziehende, von denen sich einige sicherlich ebenfalls Festanstellungen im Flüchtlingsgeschäft erhofften. Die schwarz-rote Regierung brauchte in dieser explosiven Lage so viele FreundInnen wie möglich und zum ersten Mal waren auch Langzeiterwerbslose unter den Erwählten. Die erlebten einen deutschen Sommertraum, der sogar den Herbst und den Winter überdauerte. Plötzlich gehörten sie zu den „hellen Deutschen“ oder zu den „dunklen Deutschen“, aber nicht mehr zu den Unberührbaren, den „Hartz-IV-EmpfängerInnen“, nachdem sie als solche jahrelang unter der Dauerdemütigung durch

Politik, Presse und Bevölkerung gelitten hatten.
Man könnte das als ein Paradebeispiel der Rehabilitation in einer globalisierten Welt bezeichnen.

Aber sie arbeiten doch!

Flüchtlinge und MigrantInnen, denen kein Aufenthalt in Deutschland gewährt wird, sollen in ihre Heimatländer beziehungsweise in das Land, in dem sie zuerst auf europäischem Boden einen Asylantrag stellten, zurückkehren. So will es das Gesetz. Es gibt Ausnahmen.
Flüchtlinge und MigrantInnen können gegen die Rückführung klagen. Sie können untertauchen.
Durchgeführte Rückführungen werden hin und wieder in den Medien thematisiert. Nicht alle. Welche Fälle JournalistInnen einen Bericht wert sind, ist nicht zu durchschauen. Welche Fälle Linken und LINKEN eine Empörung wert sind, der zumeist in sozialen Netzwerken Ausdruck verliehen wird, dagegen schon.
Es sind die geflüchteten oder zugewanderten Menschen, die in Deutschland eine Lohnarbeit gefunden haben und dann, weil ihre

Aufenthaltsgenehmigung nicht verlängert wurde, zurückgeflogen werden sollen. Das lässt die linke und LINKE Gemütslage ins Bodenlose stürzen.
„Aber sie arbeiten doch!"
So wird es den Facebook-Kontakten mitgeteilt, veranschaulicht durch Fotos von Kindern, die in ihrem Heimatland Hunger leiden, weil ihre Eltern kein Geld für eine Flucht besitzen und somit nicht in Deutschland lohnarbeiten können, und damit nur in Form von Bildmaterial für Linke und LINKE interessant sind – und zwar für die Linken und LINKEN, die ihren Facebook-Kontakten gestern noch – unter Zuhilfenahme von Fotos hungernder Kinder – mitteilten, wie empörend es sei, dass Geflüchtete und MigrantInnen von europäischer, aber besonders von deutscher Seite nur nach Nützlichkeit bewertet würden.

Aber sie arbeiten doch nicht!

Und deshalb sollen sie bleiben. Bisher las ich diesen Satz als Überschrift einer linken und LINKEN Arie der Empörung noch nicht. Aber sie arbeiten nicht, sie sind vielleicht nicht arbeitsfähig oder aber nicht arbeitswillig, also werden sie in Ländern, wo es keine Sozialleistungen gibt, verhungern. Wäre das kein Grund, Menschen vor Abschiebung zu bewahren? Dazu passt die sicher gut gemeinte Fürsprache von Seiten linker Freizeit-AdvokatInnen für Flüchtlinge, sobald die Akzeptanz dieser bei den Facebook-Kontakten nachzulassen droht. Flüchtlinge, so heißt es in bester Absicht, würden aber doch in Deutschland ganz sicher arbeiten, wenn man sie nur ließe.

Wirklich?

Linke und LINKE schlagen hier in eine gefährliche Kerbe. Man scheint sich in in Puncto Arbeitswillen von Flüchtlingen vollkommen sicher zu sein. Dass das eine durch und durch deutsche Sicht auf die Angelegenheit ist, kommt Menschen links der Mitte offenbar nicht in den Sinn. Aus welchem Grund (außer aus dem Grund, Deutsche gnädig zu stimmen) sollte jemand, der oder die einen niedrigen oder gar keinen Bildungsabschluss besitzt und bislang im Heimatland hart, schmutzig und zumeist auch lebensgefährlich lohnarbeitete um zu überleben, auch hier dreckige und harte Lohnarbeit annehmen, wenn es Geld zum

Überleben auch in Form von Sozialleistungen gibt?
Nein, dreckige, harte Lohnarbeit nicht verrichten zu wollen, ist kein verwerflicher Charakterzug eines geflüchteten Menschen. Es ist vielmehr ein Zeichen nichtdeutscher Sozialisierung.
Im übrigen flüchten auch Menschen nach Deutschland, die aus gesundheitlichen Gründen nicht lohnarbeiten können oder für deren Qualifikation es hier keine Lohnarbeit gibt. Mit der Aussage, Flüchtlinge würden aber doch in Deutschland arbeiten, wenn man sie nur ließe, erweist man allen Arbeitsunfähigen einen Bärendienst, sobald sie ihre Arbeitserlaubnis erhalten haben.

Die deutschen Sitten

Aber natürlich gibt es auch sie - zu uns geflüchtete Menschen, die Wert darauf legen, zu lohnarbeiten, und zwar am liebsten innerhalb ihrer Qualifikation.
Eine Syrerin, die ich 2017 in einem Frauenzentrum kennenlernte, wo für in Berlin aufgenommene Frauen und Mädchen deutsch-arabische Koch- und Kontakt-Abende stattfanden, erzählte mir, sie, ihr Sohn und ihr Mann hätten nun endlich einen Aufenthaltsstatus. Sie sei glücklich, aber es

gebe ein Problem, sie brauche Rat. Ihr Mann, Architekt, arbeite neuerdings als Gärtner in der Flüchtlingsunterkunft. Er würde auch Putzarbeiten im Hof und im Treppenhaus übernehmen, habe die Arbeit angenommen, weil er sich dadurch bessere Chancen auf dem Wohnungsmarkt ausrechnete. Jetzt, da die Familie in Berlin bleiben dürfe versuche man, so schnell wie möglich aus der Flüchtlingsunterkunft auszuziehen und dann passende Arbeit zu finden. Bis dahin sei das Gärtnern und Putzen aber kein Problem. Doch trotz der offiziellen sechs Arbeitsstunden, real zumeist acht bis neun Arbeitsstunden pro Tag, erhielte die Familie Sozialhilfe. Und dazu einen Euro pro geleisteter Arbeitsstunde. Aber Sozialhilfe wolle man eben nicht weiter beziehen, weshalb doch Arbeit unterhalb der Qualifikation angenommen worden war.
SozialhilfeempfängerInnen würde doch niemand eine schöne Wohnung vermieten. Warum mache die Flüchtlingsunterkunft so etwas mit ihnen?
Ich spürte, wie sehr der Frau die Situation zusetzte. Was müsste ihr Mann tun, damit er für seine Arbeit ein normales Gehalt bezöge? So lautete ihre Frage an mich.

Ich verwies die Frau an eine Asylrechtsberatung und konnte sie für den Abend nur mit der Information trösten, dass die Situation keineswegs nur dadurch zustande gekommen sei, dass sie und ihre Familie aus Syrien stammten. Zahllose Deutsche würden ebenfalls ganz normale Arbeit verrichten und dafür mit einer Kombination aus Arbeitslosenhilfe und einem Stundenlohn von einem Euro entlohnt werden. Warum das so sei, das konnte ich ihr nicht erklären. Nicht etwa deshalb, weil mein englischer Wortschatz nicht ausreichte. Vielmehr deshalb, weil der menschlichen Phantasie Grenzen gesetzt sind.

Gesundheit

Lohnarbeitende sollen ihre Gesundheit riskieren, um Profit für Konzerne zu erwirtschaften, damit deren Vorstände und AktionärInnen ein gutes, bekömmliches Leben führen können, das gesund hält und ermöglicht, auch weiterhin Aktien zu kaufen und Unternehmen zu führen.
Ich habe etwas missverstanden?
Dem Konzern ist doch nicht daran gelegen, dass die LohnarbeiterInnen krank werden?

So? Und warum werden dann Lohnarbeitenden zahllose Tätigkeiten zugemutet, deren Ausübung an sich oder durch Umstände wie Personaleinsparung, Einsparung von Arbeitsmitteln, Einsparung von Sicherheitsmaßnahmen, Wechselschichten, Pflichtüberstunden usw. die Gesundheit schädigt, und zwar bis hin zu ernsthaften Erkrankungen wie chronische Schmerzen, Verschleiß des Bewegungsapparates, Vergiftungen oder Depressionen?
Helfen dann noch gute Absichten oder tröstende Worte aus der Chefetage?
Das Institut Arbeit und Qualifikation der Universität Essen hat aktuell untersucht, wie die Lebenserwartung mit dem Arbeitsleben zusammenhängt. Wenig erstaunliches Ergebnis: Menschen, die sehr hoher Arbeitsbelastung ausgesetzt sind, sterben früher.
Hatten wir uns nicht mal darauf geeinigt, dass jeder Mensch, unabhängig von Alter, Herkunft und Geschlecht, das Recht auf körperliche Unversehrtheit genießen soll?
Warum ist es dann nicht unser oberstes Ziel, sämtliche gesundheitsschädigende Tätigkeiten entweder unter optimalen Sicherheitsbedingungen oder – noch besser

– von Maschinen und Robotern erledigen zu lassen? Was hält uns davon ab?
Weiter oben schrieb ich bereits, dass im Pflegebereich, einem Bereich mit hohem Aufkommen des Burnout-Syndroms und Erkrankungen des Bewegungsapparats, Roboter für gesundheitsschädigende Arbeitsschritte, wie beispielsweise Heben und Tragen, in der Erprobung sind. In Japan.
In Deutschland lauten Nachrichten zum Thema Pflege nicht, dass an der Automatisierung gesundheitsgefährdender Arbeitsschritte getüftelt wird, sondern man hört stattdessen, dass Mangel an Pflegekräften herrscht (wen wundert das?) und dass man Fachkräfte für den Pflegebereich aus dem Ausland holen müsse (die sich, wenn sie nicht durch bestimmte Umstände dazu gezwungen sind, hüten, in Scharen zu kommen).
Warum ist im Deutschland des Pflegekräfte-Notstands die Konstruktion und der Einsatz von Robotern für gefährliche oder gesundheitsschädigende Bereiche kein Thema, das tagtäglich in den sogenannten meinungsbildenden Zeitungen um Kommentare der LeserInnen buhlt?
Weil eine völlige Automatisierung aller gefährlichen und gesundheitsschädigenden

Betätigungen die deutsche Volksseele, die das Land lohnarbeiten sehen will, in Glaubenskonflikte stürzen würde?
Ich zumindest wäre begeistert.
Lohnarbeitsplätze, die zu verlieren man froh sein könnte, selbst Linke und LINKE froh sein sollten, gingen tatsächlich für Menschen verloren. Und all die, die ständiger Gesundheitsgefahr ausgesetzt sind, wären freigestellt für eine menschenwürdige Betätigung. Dagegen dürfte man doch selbst in der Partei Die LINKE nichts einzuwenden haben, oder?
Für eine moderne, humane Partei wäre es doch eine hervorragende Werbemaßnahme, Lohnarbeitsplätze, die krank machen, Menschen nie wieder zumuten zu müssen. Versprochen und aufs Plakat gedruckt.

Aber so einfach ist das nicht...

Was sind typisch linke Argumente gegen die Elektro-Arbeiter?
Eines erwähnte ich bereits: Die Plastikkerle würden keine Lohnsteuer zahlen. Das Argument ist schnell entkräftet. Konzerne und Firmen übernehmen diese Steuer. Müsste machbar sein bei all den eingesparten Lohnkosten.

Ist das geklärt, kommt meistens das letzte linke Geschütz zum Einsatz. Es lautet: Arbeit von Robotern verrichten zu lassen ist unmenschlich und kalt.
Aha.
Während meiner Zeit als Sprecherin der Landesarbeitsgemeinschaft Grundeinkommen hörte ich dieses Argument auf so ziemlich jeder Podiumsdiskussion, bei der sich GrundeinkommensbefürworterInnen und -gegnerInnen das immer gleiche Gefecht lieferten.
Was an einem vollgeschissenen Klo menschlich und warm ist, leuchtet mir natürlich ein. Nicht einleuchtend ist, wo Wärme und Menschlichkeit sich verstecken, wenn man tagein tagaus eben dieses Klo von jenen putzen lässt, die nicht die Möglichkeit haben, eine solche Betätigung abzulehnen.
Ich warf das stets in die Diskussionsrunde. Mal herrschte daraufhin eisiges Schweigen, mal schoss mir das Argument um die Ohren, Menschen seien unterschiedlich, es gebe eben auch die, die es zufrieden machte, am Ende des Arbeitsprozesses ein blitzblankes Klo vor sich zu sehen.
Eigentlich überflüssig zu erwähnen, dass von den DiskutantInnen nie jemand zu

dieser Sorte Menschen gehörte. Aber beim Kampf für einen guten Lohn für die Klo-Reinigung wollte das gesamte Podium stets behilflich sein.
So kann man festhalten, dass die Automatisierung der Arbeit wohl auch manch linke LohnkämpferIn zur Suche nach neuen Betätigungsfeldern veranlassen würde.

Zum Thema Gesundheit aber noch dies: Einsamkeit durch Lohnarbeitslosigkeit

Einsamkeit ist kein zu unterschätzendes Problem. Betroffen sind längst nicht mehr nur alte Menschen.
Schauen wir auf jene, die nach eigenen Angaben zu vereinsamen befürchten, hätten sie keinen Lohnarbeitsplatz mitsamt KollegInnen. Vereinsamung ist wissenschaftlich erwiesen ungesund.
Bei Befragungen – nicht nach wissenschaftlichen Methoden durchgeführt und deshalb nicht repräsentativ –, die Mitglieder der Bundes- und Landesarbeitsgemeinschaft Grundeinkommen bei Veranstaltungen zum Grundeinkommen durchführten, tauchte immer wieder auch die Aussage auf, man

lohnarbeite unter anderem deshalb, um in den Genuss sozialer Kontakte zu kommen. Lohnarbeiten, um nicht einsam zu sein. Da in Zukunft sehr vermutlich für viele Menschen keine passende Lohnarbeit mehr vorhanden sein wird, ist es im Interesse der gesamten Gesellschaft, sich mit diesem Problem zu befassen.

In England hat man bereits reagiert, ob in Voraussicht auf den Wegfall von Lohnarbeitsplätzen ist nirgendwo dokumentiert. In Presseerklärungen heißt es lediglich, die Einsamkeit, besonders in englischen Großstädten, nehme rasant zu. Seit knapp einem Jahr gibt es nun ein Anti-Einsamkeits- Ministerium. Was genau geplant ist, abgesehen von der Organisation städtischer Treffpunkte und Besuchsdienste für ältere und behinderte Menschen, was in Deutschland im Rahmen von Projekten längst angeboten wird, lässt sich der englischen Presse allerdings noch nicht entnehmen.

In Deutschland ist die Organisation von Besuchen und Begleitungen für alte und kranke Menschen Aufgabe Ehrenamtlicher. Der Staat verlässt sich auf das Engagement seiner BürgerInnen und das scheint zu klappen.

Aber was ist mit jungen, gesunden Einsamen?
Die sollen sich halt eine Lohnarbeit suchen, um nicht allein zu sein?
Für nicht wenige ist Interaktion mit KollegInnen nach eigener Aussage ja tatsächlich ein Anreiz, selbst unattraktive Lohnarbeit zu verrichten.
Aber was sollen diese Menschen tun, wenn sie für unattraktive Lohnarbeit nicht mehr gebraucht werden und ihre Fähigkeiten für attraktive Lohnarbeit nicht ausreichen?
Diese Frage stelle ich heute in eine Gesellschaft ohne bedingungsloses Grundeinkommen hinein.
Würde ich sie in eine Gesellschaft mit bedingungslosem Grundeinkommen hineinstellen, würde sie vermutlich lächerlich klingen.
Wer keine Lohnarbeit mehr findet, aber um sein bedingungsloses Grundeinkommen als Sicherheit weiß, ist frei. Kann sich endlich über eigene und nicht oktroyierte Neigungen und Wünsche Gedanken machen. Kann ihr und sein Talent für sinnvolle Tätigkeiten in einem der zahlreichen gesellschaftlichen Bereiche einsetzen, die schon jetzt nicht mehr bezahlt werden sollen und deshalb längst in den

ehrenamtlichen Bereich ausgelagert worden sind. Kann, muss aber nicht.
Die Isolation Erwerbsloser rührt doch heute in hohem Maße daher, dass stigmatisiert wird, wer nicht lohnarbeitet. Die Politik ruft es aus, die Medien kümmern sich um Verbreitung. Erwerbslose ziehen sich aus Scham zurück oder aber deshalb, weil ihnen das Geld für die simpelsten Dinge, wie etwa eine Fahrkarte in den nächsten Stadtbezirk oder das Getränk in einer Gaststätte, ganz einfach fehlt.
In einer Gesellschaft aber, die für sich geklärt hat, dass Lohnarbeit nicht mehr für alle vorhanden sein wird und dass darüber hinaus keinem Menschen gesundheitsschädigende Tätigkeiten zugemutet werden dürfen, würde der Lohnersatz zwangsläufig so angesetzt werden, dass er nicht nur für die Befriedigung der Grundbedürfnisse reicht, sondern auch dafür, sich am gesellschaftlichen Leben zu beteiligen und sich hier selbstbestimmt einen Platz zu suchen.
Wäre ein Ministerium für Einsamkeit da noch nötig?

Hartz IV

Wenn – wie Jahre vor und nach Einführung von Hartz IV aus Kreisen der Politik gestreut – unzählige Faulpelze das Land bevölkern würden, hätten SPD und Bündnis90/Die Grünen mit den Stimmen von CDU und FDP es selbstverständlich nicht einmal riskiert, ein derart unzureichendes Lohnersatzeinkommen einzuführen.
Dass der Sozialstaat Menschen faul mache, wie als Drohung dazu serviert wurde, ist eine absurde Verdrehung der Tatsachen. Zu welchem Zweck, ist offensichtlich.
Es verhält sich genau andersrum. Ohne menschlichen Fleiß, beziehungsweise den menschlichen Drang, ständig etwas leisten zu wollen, gäbe es keinen Sozialstaat.
Stellen wir uns eine Gesellschaft vor, in der niemand Lust hätte zu lohnarbeiten. Eine Gesellschaft, in der es normal wäre, nicht zu lohnarbeiten. Man baute sich ein Haus aus dem, was man im Wald fände, stellte Sonnenkollektoren aufs Dach, man würde essen, was sich anbauen oder mit den NachbarInnen tauschen ließe, man würde ein paar Tiere halten, Kleidung aus Fellen und Wolle herstellen, und hätte darüber hinaus keine weiteren Ambitionen etwas zu leisten. Man würde, nachdem das Überlebensnotwendige getan ist, rumhängen

und chillen. Jeden Tag. Alles Denken und Streben würde auf Arbeitsvermeidung zielen. Man würde faul sein. Wozu bräuchte man einen Sozialstaat?
Den Sozialstaat haben wir deshalb, weil der Mensch nicht dauerhaft faul sein kann.

Was ist Hartz lV ?

Hartz IV startete 2005 und ist die vierte Stufe des 2002 entwickelten Hartz-Konzeptes (benannt nach Peter Hartz, Mitglied der Hartz-Kommission), die eine Zusammenlegung von Sozialhilfe und Arbeitslosenhilfe sowie zahllose Maßnahmen zur Disziplinierung Lohnarbeitsloser vorsieht. In der Folge führte Hartz IV, wie beispielsweise von Sozialverbänden vorausgesagt, zu einer Zunahme und Verfestigung der Armut Erwerbsloser und deren Kinder, sowie zu einer massiven Ausweitung der Jobs, die nicht angemessen entlohnt werden (sollen). Die Hartz-IV-Regelungen luden und laden ArbeitskraftnehmerInnen geradezu ein, ArbeitskraftgeberInnen ganz legal um einen angemessenen Lohn zu betrügen.
Darüber hinaus hat sich Hartz IV zu einem nationalen Problem entwickelt, das längst nicht mehr nur Erwerbslose betrifft, sondern

darüber hinaus Lohnarbeitende unter Druck setzt. Zudem zerstört Hartz IV nachhaltig den Frieden innerhalb der Gesellschaft, unter anderem durch steigende Zahlen an Wohnungslosen, sei es, weil deren Monatsmieten nicht mehr vollständig von Jobcentern übernommen werden, sei es, weil sie bezahlbaren Wohnraum erst gar nicht mehr finden.
Dass Hartz IV nicht so umgesetzt wurde wie von der Kommission vorgeschlagen, erklärte Peter Hartz in seinem Buch *Macht und Ohnmacht (2007)* *:
„Herausgekommen ist ein System, mit dem die Arbeitslosen diszipliniert und bestraft werden.“
Konsequenzen für die mittelbar Verantwortlichen des Hartz-IV-Systems zogen weder diese Erklärung noch weitere diesbezügliche Passagen im Buch des Peter Hartz nach sich.

Konsequenzen unmittelbar Verantwortlicher

Nach der Einführung von Hartz IV wurde bekannt, dass manch ein/e SPD-GewerkschafterIn zur Partei Die LINKE wechselte. Warum GewerkschafterInnen, die Sprachrohr, AnwältInnen und

VermittlungspartnerInnen der Lohnarbeitenden sein sollen, nicht geschlossen aus der SPD austraten, um außerparlamentarische Oppositionsarbeit gegen Hartz IV zu machen, anstatt sich der nächsten Gruppe Lohnarbeitswahnkranker anzuschließen, bleibt bis heute ungeklärt.

Die Partei Die LINKE

Zwar positionierte sich die LINKE bereits vor der Einführung von Hartz IV öffentlich, laut und vernehmlich gegen Hartz IV, hatte und hat jedoch bis heute kein einziges Rezept gegen den ab 2005 noch massiver fortschreitenden Lohnarbeitswahn in petto. Im Gegenteil.

Prostest gegen Hartz IV?

Die ab 2003 von der Marxistisch-Leninistischen Partei Deutschlands (MLPD) ins Leben gerufenen, zunächst wenig beachteten Demonstrationen gegen den Sozialabbau wurden ab 2004 von einer Protestbewegung gegen die Arbeitsmarktreformen (im Rahmen derer 2005 Hartz IV eingeführt wurde) gekapert und ab dann als Montagsdemonstrationen oder Montagsdemos bezeichnet. Initiiert

wurden die Montagsdemos gegen Hartz IV, die bald in zahlreichen deutschen Städten stattfanden, nicht von der Partei Die LINKE oder außerparlamentarischen linken Organisationen sondern vom ehemaligen DDR-Bürger und lohnarbeitslosen Bürokaufmann Andreas Ehrholdt.
Viele schlossen sich ihm an, die Teilnahme an den Montagsdemonstrationen war zunächst hoch, in Groß- und Kreisstädten beteiligten sich mehrere tausend Menschen. Doch eine dauerhafte, den Umständen entsprechende massive Gegenwehr Erwerbsloser, beispielsweise solcher, die jahrzehntelang malocht hatten, dann unverschuldet lohnarbeitslos wurden und keine neue Stelle mehr fanden, blieb aus. Dann, wenige Jahre nach Einführung von Hartz IV waren die Montagsdemos tot, Kleingruppen, die dennoch weiter gegen den Sozialabbau auf die Straße gingen, wurden als VerliererInnen oder gar SpinnerInnen diffamiert und mitsamt ihren Forderungen für die Abschaffung von Hartz IV nicht mehr ernst genommen.

Voreilige Panik?

Hatte die Mehrzahl der Betroffenen festgestellt, dass Hartz IV gar keine

Verschlechterung ihrer Lebensumstände bedeutete?
Nein. Doch Einschüchterung und Herabwürdigung durch dauerpräsente mediale Schmutzkampagnen gegen Lohnarbeitslose taten ihre Wirkung. Zahllose Betroffene zogen sich bis hin zur Verwahrlosung zurück oder begingen Selbstmord. Beides wurde in den Medien klein gehalten.
Die Partei Die LINKE sprach sich öffentlich zunächst weiterhin gegen Hartz IV aus, konkrete Aktionen zugunsten Erwerbsloser blieben jedoch aus. Innerparteilich wurden erste ängstliche Stimmen laut. Man sei keine ausgesprochene Hartz-IV Partei, hieß es. Die LINKE fürchtete offenbar, „ehrbare“ Lohnarbeitende, die von den Medien zu Hauptzahlenden für das angeblich faule Leben von sogenannten Hartz-IV-SchmarotzerInnen erklärt wurden, würden sich von der Partei abwenden (falls sie die LINKE überhaupt je gewählt hatten). Zudem besetzten und besetzen GewerkschaftlerInnen, die den eigenen Privilegien wegen am lohnarbeitenden und nicht am erwerbslosen Subjekt interessiert sind, Funktionärsposten bei der Partei Die LINKE.

Der freie Flug gen Abgrund begann allerdings zunächst für die SPD, bis zur Einführung von Hartz IV noch gelegentlich als linke Partei bezeichnet. Die Partei Die LINKE konnte davon nicht profitieren. Die Schizophrenie einer seit Generationen in den Lohnarbeitswahn getriebenen Bevölkerung wurde deutlich. Man war gegen die Hartz-IV-Gesetze und man war gleichzeitig gegen Hartz-IV-Betroffene.

Auch die innerhalb der Partei Die LINKE organisierten sozialistischen Gruppen schienen sich für Lohnarbeitslose und deren Probleme nicht zu interessieren, was daran liegen mag, ich erwähnte es bereits, dass man in sozialistisch-trotzkistischen Kreisen nur die und den Lohnarbeitenden für ein revolutionäres Subjekt hält.
Ich schweife kurz ab, um das Desinteresse der SozialistInnen innerhalb der Partei Die LINKE an Hartz-IV-Betroffenen zu erklären beziehungsweise eine Erklärung zu versuchen.
Da wäre beispielsweise die trotzkistische Organisation SAV (Sozialistische Alternative), deutscher Ableger der internationalen sozialistischen Organisation *Komitee für eine Arbeiter*inneninternationale CWI.**

Die Berliner TrotzkistInnen sind überaus streikfreudig. Sobald in städtischen Kliniken um bessere Bedingungen und Löhne gestritten wird, was fast pausenlos der Fall ist, eilt die SAV mit Streikposten und hilfreichen Ratschlägen herbei. Man belagerte beispielsweise die Berliner Charité. Tagelang. Klinken des Berliner Vivantes-Konzerns ebenso.
Wie mir während eines kurzen Aufenthalts in der Charité von einem Pfleger entnervt berichtet wurde, gestatteten die TrotzkistInnen sich während des Streiks täglich Zutritt zu Krankenstationen und störten dort PatientInnen und den Betriebsablauf des Notdienstes, der in Krankenhäusern aus nachvollziehbaren Gründen bei jedem Streik gewährleistet ist. Sicher geschah dies nicht aus vorsätzlich böser sozialistischer Absicht, aber auch nicht aus guter. Würde die SAV es gut meinen mit dem Pflegepersonal, müsste man gemeinsam mit diesem die deutsche Gesundheitspolitik betrachten und sich fragen, ob ein Herumdoktern an den Symptomen überhaupt Sinn macht. Und zwar Sinn macht für das Pflegepersonal. Für die TrotzkistInnen macht es Sinn, den Arbeitsablauf in Berliner Kliniken zu behindern. Sie haben etwas Revolutionäres

zu tun und das rechtfertigt ihr Dasein. Zudem gibt es innerhalb der Organisation SAV von Mitgliedern bezahlte Posten. Um nicht falsch verstanden zu werden: Natürlich ist es überaus wichtig, dass LohnarbeiterInnen im Gesundheitswesen endlich gerechte Löhne erhalten und unter besseren Bedingungen tätig sein können. Doch was bringen Kämpfe innerhalb eines Systems, das auf Sparmaßnahmen aufgebaut ist und sich nur durch diese erhält? Sobald eine kleine Gehaltserhöhung für die Lohnarbeitenden erreicht ist, ändert der jeweilige Klinikkonzern die Betreuungsschlüssel, gründet Tochtergesellschaften, entlässt Personal. Das ist, innerhalb des kapitalistischen Systems gedacht, völlig folgerichtig. Und zudem auch innerhalb des trotzkistischen Systems, dessen Geschäftsmodell die Betreuung Ausgebeuteter ist. Warum sollen Kapitalismus und Trotzkismus etwas ändern wollen? Ihre Geschäftsmodelle laufen und ergänzen sich prächtig. Der Klinikkonzern lagert MitarbeiterInnen in günstige Tochtergesellschaften aus, sofort rückt die SAV an, es geht protestierend auf die Straße. Und so weiter. Weder Kapitalismus noch Trotzkismus sind an elementaren Änderungen, also an innovativen, völlig

neuen Regelungen zum Wohl der Lohnarbeitenden interessiert, wie beispielsweise eine Form von Grundeinkommen oder einen landesweiten Pflichtlohn, der anders als der Tarif- oder Mindestlohn nicht durch Trickserei umgangen werden darf.
Lieber nimmt die SAV jede neue Prostest-Runde mit, erscheint mit Flugblatt und Transparent, um zu erkämpfen, was am nächsten Tag schon wieder hinfällig ist, denn auch oder gerade SozialistInnen machen sich nicht freiwillig überflüssig. Der Mensch will gebraucht werden – und sei es auf Kosten der Mitmenschen.
Um das Wohl der Lohnarbeitenden geht es den TrotzkistInnen somit nur solange, wie diese ihre Lohnarbeit verrichten. Sobald sie ihre Lohnarbeit verlieren und somit den SozialistInnen nicht mehr zu Diensten sind, werden sie uninteressant.
Da ist es nachvollziehbar, dass die SAV in all den Jahren seit Einführung von Hartz IV nie dazu aufrief, aus Solidarität mit Harz-IV-Betroffenen gemeinsam die Lohnarbeit niederzulegen. Berufsübergreifend. Landesweit. Konsequent.
Auch wenn Generalstreik in Deutschland nicht erlaubt ist – selbst die außerparlamentarische, überparteiliche

Organisation Frauen*streik schaffte es im März 2019, an Frauen im ganzen Land zu appellieren, aus Solidarität mit international ausgebeuteten Frauen deutschland- und weltweit für einen Tag jede (Lohn)Arbeit niederzulegen und Bettlaken mit Kampfparolen aus dem Fenster wehen zu lassen. Es beteiligten sich zahllose Frauen in mehreren Ländern und die Aktion soll fortgesetzt werden. Sie hat (noch) nichts bewirkt, ist aber ein unmissverständlich-deutlicher symbolischer Akt. Mindestens das hätten die SAV und die Partei Die LINKE mit Leichtigkeit auf die Beine stellen können.

Haben sie aber nicht

Der simple Grund ist, dass man mit Erwerbslosen nichts zu tun haben will. Wer nicht lohnarbeitet ist in den Augen der TrotzkistInnen kein/e wahre/r RevolutionärIn und auch die Partei Die LINKE, unter deren Fittiche die SAV gekrochen ist, will keine „Hartz-IV-Partei“ sein, was immer man sich darunter vorstellen darf. Die Solidarität der LINKEN muss man sich verdienen, indem man auch die mieseste Lohnarbeit annimmt und der

LINKEN ermöglicht, für kleinste Verbesserungen aufzumarschieren.

Hartz-IV-Betroffene und das Schamgefühl

Wer in Deutschland nicht lohnarbeitet, ist ein unerhörter Parasit und hat sich zu schämen. Nur unter dieser Voraussetzung kann es zu Grotesken kommen, wie beispielsweise die der freiwilligen Annahme von Jobs, die Hartz-IV-Betroffene zu einem Stundenlohn von einem Euro zusätzlich zum Hartz-IV-Satz (abzüglich der Bruttowarmmiete liegt dieser; Stand Sommer 2019, bei 424 Euro monatlich) erledigen müssen oder auch dürfen. Nicht wenige Erwerbslose fragen 1-Euro-Jobs nach, anstatt die freie Zeit zu nutzen, um sich eine Lohnarbeit zu suchen, bei der man mit Respekt behandelt und bezahlt wird, oder um sich fortzubilden oder um zu überdenken, ob man es noch einmal wagen sollte, in einem ganz anderen Beruf Fuß zu fassen oder um sich selbstständig zu machen. Oder um sich um Familie und Bekannte und sich selbst zu kümmern.
Es gäbe zahllose Möglichkeiten, das Ausscheiden aus einem Job in einen Besinnungsmoment vor einem Neuanfang

zu verwandeln, aber von Linksaußen über Liberal bis hin zu Rechtsaußen wird das nicht geduldet. Lauernd werden Erwerbslose observiert, ob sie auch ja einer Lohnarbeit nachgehen, und sei es Lohnarbeit, die simuliert wird, die zu nichts führt und die mit Steuergeldern der Observierenden bezahlt wird.

Kaufmannsladen

Ein anschauliches Beispiel für diesen Widersinn stellte im Jahre 2010 der sogenannte Arbeitslosensupermarkt dar, den das Jobcenter Hamburg initiierte beziehungsweise errichtete.
Erwerbslose sollten in einem nachgebauten Lebensmittelmarkt ihren Tag verbringen.
Um wieder das Lohnarbeiten zu lernen, wie es hieß. Nicht hinterfragt wurde unter anderem der Umstand, dass unter denen, die am Kaufmannsladen-Spiel mitwirkten (mitwirken mussten), Menschen waren, die bereits ein Berufsleben hinter sich hatten.
Nicht nur deshalb darf getrost bezweifelt werden, dass es tatsächlich um ein Berufstraining ging. Vielmehr ging es vermutlich darum, Erwerbslose gezielt zu demütigen, was in jedem anderen Land sein Ziel nicht verfehlt hätte. Anders in

Deutschland. Das nachgebaute Kaufhaus wurde von Erwerbslosen, die bereits durch die Schikane ihrer Umwelt mürbe waren, als eine Art schützende Werkstätte begriffen. Betroffene äußerten sich offen vor Kamerateams dahingehend. Man könne seinem Tag hier zumindest Struktur geben. Erwerbslose wissen natürlich um die Reaktion der Nachbarschaft. Wer tagsüber zu Hause bleibt oder auf der Parkbank in der Sonne sitzt, statt lohnzuarbeiten, macht sich verdächtig. Offenbar fürchteten Hamburger Lohnarbeitslose sich mehr vor dem Zorn der Nachbarschaft als vor der Erniedrigung, als gestandener, berufserfahrener Mensch auf das Niveau eines Kindergartenkindes beim Kaufmannsladen-Spiel heruntergestuft zu werden.
Das Projekt Supermarkt für Erwerbslose kostete Millionen und führte zu keinem Ergebnis außer dem, dass Lohnarbeitslose zwischen 8 und 16 Uhr vor dem Hass ihres sozialen Umfeldes geschützt waren.
Es gab weitere Projekte, Fortbildungen, Schulungen, die zu nichts führten außer zu dem Entstehen einer lukrativen Hartz-IV-Bildungsindustrie.

Ausführende Kräfte

In Jobcentern, wie die Verwaltungsstätten für Langzeiterwerbslose seit 2005 genannt werden, finden auch sie endlich Lohnarbeit – Mitglieder der großen Zunft bislang erwerbsloser JuristInnen. Ein paar Wochen Praxis-Schulung und sie dürfen ans Werk gehen. Wichtiger Programmpunkt: Spätestens beim dritten Zusammentreffen mit KundInnen, wie Erwerbslose seit 2005 genannt werden (sollen), muss erläutert werden, dass das Geld, was hier fürs Nichtstun gezahlt wird, von Steuerzahlenden zuvor hart erarbeitet wurde. Dass das Gehalt, das Jobcenter-AdvokatInnen fürs Verkünden solcher Weisheiten beziehen, auch von den so Belehrten einst mit erarbeitet wurde, wird auf Schulungen zur Jobcenter-Fachkraft offenbar nicht vermittelt. Auch nicht, dass Millionen Euro, die in sinnlose Beschäftigungstherapien fließen, um Erwerbslose aus der Statistik zu mogeln, ebenfalls von der lohnarbeitenden Bevölkerung erwirtschaftet werden, die somit ihr Betrogen-werden selbst finanziert, wenn auch unfreiwillig.
Für die im Jobcenter werkelnden JuristInnen offenbar kein Problem. Endlich echte Lohnarbeit fernab von Praktikum und

Ehrenamt ausüben zu dürfen, wiegt es auf. Natürlich soll das untätige KundIn-Subjekt darüber informiert werden und sei es, damit eine noch wichtigere Botschaft transportiert wird, denn um echte Lohnarbeit behalten zu dürfen, muss man Faulpelze zumindest in simulierte Lohnarbeit vermitteln.
„Wenn ich als VolljuristIn unter meiner Qualifikation in diesem Amt arbeiten kann, können Sie auch im Callcenter, im Sexshop, der Putzkolonne und an der Supermarktkasse tätig sein.“
Diesen Satz hörten ungefähr 80 % aller Erwerbslosen, mit denen ich je sprach, mindestens einmal.
Wie schließlich bekannt wurde, erhielten die AdvokatInnen jeweils nur Zeitarbeitsverträge für 6 Monaten. Viele verschwanden danach wieder von der Jobcenterbühne, weil ihre Vermittlungsbilanz zu wünschen übrig ließ. Über Protestaktionen erwerbsloser JuristInnen gegen dieses Vorgehen, was eine durchaus sinnvolle Praxisübung wäre, ist nichts bekannt.

Und Erwerbslose innerhalb der Partei Die LINKE?

Gibt es sie überhaupt – erwerbslose Mitglieder in der Partei Die LINKE? Natürlich gibt es sie. Es sind die hassgeliebten Alibierwerbslosen der Partei. Die, die bereit sind, am Montagmorgen bei minus 5 Grad vor dem Jobcenter Neukölln für Die LINKE zu werben. Weil die Partei Die LINKE etwas für Erwerbslose tun würde, wenn sie ans Regieren käme. Weil die Partei Die LINKE das ganze Rumgehartze ein bisschen menschlicher gestalten würde. Zwar regiert Die LINKE in Berlin bereits mit, doch Erwerbslose, die nicht spuren oder sich nicht unter Preis verkaufen möchten, werden immer noch sanktioniert, was bedeutet, dass ihnen ein gesetzlich garantiertes Mindesteinkommen gekürzt wird – und gar nicht selten um 100 Prozent.
Um das verhindern zu können, müsste man das ganze Land allein regieren. Sagt Die LINKE. Da es keine Möglichkeit gibt und auch nie geben wird, diese Behauptung zu überprüfen, nehmen wir es so hin.
Ich möchte hier eine kurze Erläuterung einschieben, denn die eine oder der andere LeserIn wird jetzt Unmut verspüren. Wird sich eventuell fragen, warum man einer/einem Erwerbslosen, die/der sich weigert, Lohnarbeit anzunehmen, Geld der

Steuerzahlenden zur Verfügung stellen sollte.
Die Antwort ist simpel: Weil wir uns, gesetzlich verankert, darauf geeinigt haben, dass jeder Mensch Anrecht auf Existenzsicherung hat. Also auch Menschen, die nicht lohnarbeiten (können), Menschen, die Verbrechen begehen, Menschen, die zu uns flüchten, usw. Interessant ist in diesem Zusammenhang, dass nie zur öffentlichen Diskussion gestellt wird, ob man GewalttäterInnen oder MörderInnen verköstigen und menschenwürdig unterbringen sollte, anstatt sie beispielsweise lieber im Wald in abgezäunten Gebieten auszusetzen. Bei Erwerbslosen jedoch wird diese Diskussion, natürlich in Bezug auf ihre Lebenssituation, nicht nur völlig schamlos geführt, sondern das Gesetz, wonach Erwerbslose Anrecht auf Mindestabsicherung haben wie jede/r andere auch, ist in ihrem Fall außer Kraft gesetzt. Wer erwerbslos ist und nicht jede noch so harte, schmutzige Lohnarbeit annimmt, dem wird das Existenzminimum gekürzt, nach mehrmaliger Ablehnung auch gestrichen. Wer erwerbslos ist und einen Termin bei seinem Jobcenter-Anwalt versäumt, weil beispielsweise die sogenannte Einladung nicht rechtzeitig

eintraf, dem wird das Existenzminimum gestrichen. Man kann seine Miete nicht mehr zahlen, man hat nichts zu essen. Lebensmittelgutscheine sind Kann-Leistungen je nach Ermessen und Gnade der im Jobcenter diensttuenden JuristInnen.
Das wirft die Frage auf, was in Deutschland das größere Vergehen ist: Eine bestimmte Lohnarbeit nicht ausüben zu wollen oder seinen Nachbarn zu erschlagen.
Oder auch: Entweder das Gesetz, Menschen ein Existenzminimum zuzugestehen, gilt für alle oder für niemanden. Gilt es je nach Lust und Laune nur für bestimmte Gruppen, ist Deutschland kein Rechtsstaat.
Die Frage, ob Sanktionen in Hartz IV mit dem Grundgesetz vereinbar seien, lag übrigens zur Klärung seit Jahren beim Bundesverfassungsgericht in Karlsruhe.
Dann am 5. November 2019 erging folgendes Urteil:

Hartz-IV-Sanktionen sind teilweise verfassungswidrig

Bis zu einer gesetzlichen Neuregelung müssen Jobcenter außergewöhnliche Härten bei den Hilfebedürftigen berücksichtigen und dürfen Hartz-IV-BezieherInnen höchstens mit einer Leistungskürzung von 30 Prozent sanktionieren.

In der Begründung wird aber angeführt, dass der Staat die Gewährung von existenzsichernden Leistungen - auch wenn sich diese aus Art. 1 Abs. 1 Satz 2 GG ableiten – auch weiterhin bei Personengruppen einschränken darf, die ihre Existenz nicht selbst sichern können.

Auch wird wieder bestätigt, dass LeistungsbezieherInnen verpflichtet seien, zumutbare Arbeit (was nach gängiger Praxis jede Arbeit bedeutet) anzunehmen und im Falle der "Verletzung der Mitwirkungspflichten" eine Sanktionierung nicht nur akzeptabel sei, sondern nach Ansicht der Richter auch richtig. "Es erscheint jedenfalls plausibel, dass eine spürbar belastende Reaktion die Betroffenen dazu motivieren kann, ihren Pflichten nachzukommen, und eine geringere Sanktion oder positive Anreize keine generell gleichermaßen wirksame Alternative darstellen." Quelle: Urteil vom 5. November 2019.

Eine Frist an den Gesetzgeber, besagte Neuregelungen auf den Weg zu bringen, wird nicht gesetzt.

Der BVerfG forderte somit lediglich die Verhältnismäßigkeit der Sanktionen ein, wobei man sich fragen darf, ob eine Kürzung des Existenzminimums, das laut Sozialverbänden kein Existenzminimum darstellt, verhältnismäßig ist.

Zurück zur Partei Die LINKE...

...und den Erwerbslosen. Bereits jetzt, auch ohne Alleinregierungsmacht im Bund, lässt sich die Partei herab, etwas für Erwerbslose in ihren Reihen zu tut. Sie gestattet und finanziert ihnen eine Bundesarbeitsgemeinschaft-Hartz IV. Während meiner Zeit als Sprecherin der Landesarbeitsgemeinschaft Grundeinkommen versuchte ich, Mitglieder der Hartz IV-Arbeitsgruppe auch für die Grundeinkommensarbeit zu interessieren und zu gewinnen, was sich als schwierig erwies.

Schwerpunkt der Arbeit der Hartz IV-Gruppe ist, Hartz IV durch eine andere Form der Erwerbslosenunterstützung zu ersetzen. Schon der Name deutet es an: Hartz IV soll lediglich verbessert werden, es soll eine sogenannte sanktionsfreie Mindestsicherung her, die, genau betrachtet, aber keineswegs bedingungslos ist. Beispielsweise muss auch diese Lohnersatzleistung beim Amt unter Offenbarung des Persönlichen beantragt werden, was für viele Menschen, erwiesenermaßen gerade ältere Frauen, die ihr Leben lang in Haus und Beruf geschuftet haben und ab Mitte 50 keine neue Stelle mehr finden, eine Demütigung darstellt. Auch ist innerhalb des Konzepts sanktionsfreie Mindestsicherung nicht vorgesehen, gut verdienende Menschen endlich gerecht zu besteuern, also jeder und jedem zunächst etwas auszuzahlen, weil der Mensch aufgrund seiner Existenz ein Grundeinkommen verdient hat, und dann zu berechnen, wer wie viel in Form von Steuern zurückzuzahlen hat.
Doch die Partei Die LINKE hat sich die sanktionsfreie Mindestsicherung als Forderung ins Parteiprogramm geschrieben, anstatt Jobcenter und Arbeitsämtern als Disziplinierungsorgane ganz abzuschaffen

und völlig neue, der Würde jedes Menschen entsprechende Pläne in Bezug auf Lohnarbeit und Arbeit zu entwickeln.

Zweckgemeinschaft

So sind sich die Partei und die Arbeitsgemeinschaft-Hartz IV in diesem Punkt einig, und vermutlich sind die ansonsten überall wenig geliebten Lohnarbeitslosen zumindest auf diese Einigkeit angewiesen, denn untereinander sieht es in Puncto Solidarität ebenfalls traurig aus.
An den Respekt und die Höflichkeit untereinander in der Grundeinkommensarbeitsgemeinschaft gewohnt, war ich ob des Umgangstons der Erwerbslosen untereinander zutiefst erschrocken, später deprimiert. Es ist, als übertrügen die lohnarbeitslosen MitstreiterInnen allen Hass und alle Verachtung, die ihnen aus der Gesellschaft entgegenschlägt – subtil aus der Partei Die LINKE und schamlos aus den Arbeitsbehörden, Politik und Bevölkerung – aufeinander, als kämpfte jeder gegen jede an. Es schien, als spielte man den Erwerbsalltag lohnarbeitender Menschen, die unter starkem Druck stehen, nach. In

keiner anderen Arbeitsgruppe innerhalb der Partei Die LINKE habe ich je erlebt, dass die MitstreiterInnen so gnadenlos aufeinander losgingen und sich gegenseitig derart diffamierten und bloßstellten. Man konkurrierte, spann Intrigen, stritt um geringfügige Posten.
In einem Punkt war man sich allerdings fast einig. Das Bedingungslose Grundeinkommen sei abzulehnen. Wenn alle ein Grundeinkommen bekämen, bekämen es ja auch die Reichen und die sollen es nicht bekommen, hieß es. Erklärungen, dass Menschen, die eine genau definierte Summe verdienen, mit einem gut durchdachten Grundeinkommenskonzept endlich gerecht besteuert würden, also ihr Grundeinkommen plus Summe X in Form von Steuern wieder zurückzahlten, stießen auf taube Ohren. Ganz im linken Duktus hieß es, Reiche dürften nichts bekommen, auch dann nicht, wenn sie es sofort wieder zurückzahlten. Wohlhabenden auch nur symbolisch etwas zukommen zu lassen, um es ihnen dann in Form von gerechter Besteuerung gleich wieder abzunehmen, war für die linken Erwerbslosen undenkbar. Reiche würden tricksen und betrügen, um das Grundeinkommen behalten zu können, da war man sich sicher. Reiche könnten gar

nicht ehrlich sein, sonst wären sie nicht reich. Nur diejenigen, die lohnarbeiteten und am Existenzminimum entlang schrammten, seien ehrlich und redlich, da waren die linken Erwerbslosen sich ausnahmsweise fast einig.
Dieses Menschenbild kann man wohl als Ergebnis von Dauerbeschallung mit linken Lohnarbeitswahn-Kampfliedern bezeichnen. Um nicht missverstanden zu werden: Es wird mit Sicherheit wohlhabende Menschen geben, die tricksen und betrügen. Es gibt sie ganz einfach deshalb, weil es diese Menschen in allen Bevölkerungsgruppen der Welt gibt. Aber die Vorstellung, dass wohlhabende Menschen alles Streben und Denken darauf verwenden würden, eine Summe von ca. 1000 Euro im Monat zu veruntreuen, zeigt wie selig unwissend linke Erwerbslose sind, was das Ausmaß der Bezüge und des Vermögens Wohlhabender angeht.
Doch auch aus einem zweiten Grund wurde ein bedingungsloses Grundeinkommen mehrheitlich abgelehnt. Die linken Erwerbslosen befürchteten, beim Bezug des Grundeinkommens würde niemand mehr lohnarbeiten. Auf Nachfrage stellte sich heraus, dass man der Meinung war, Menschen, die schlecht bezahlt würden oder

unangenehme Arbeit verrichteten, würden diese niederlegen, wenn kein Zwang mehr bestünde. Wohlhabenden traute man jetzt umgekehrt zu, dass sie in ihren privilegierten Jobs weiterarbeiten würden. So denken linke Menschen (natürlich nicht sämtliche links denkende Erwerbslose, denn diese Darstellung ist nicht repräsentativ, sondern bezieht sich lediglich auf meinen Kontakt zur Berliner Arbeitsgruppe-Hartz-IV in der Partei Die LINKE im Jahre 2017), deren Lohnarbeitskraft nicht mehr gebraucht wird. Dass Menschen selbst mit dieser Einstellung keinen Lohnarbeitsplatz mehr finden, zeigt deutlich, dass es bereits heute nicht mehr für jede und jeden Lohnarbeit gibt in einer globalisierten und automatisierten Welt.

*Peter Hartz, Inge Kloepfer *Macht und Ohnmacht*. Hoffmann und Campe 2007, ISBN 978-3- 455- 50028-8, S.224.
*Im Sommer 2019 hat sich die SAV zerlegt und dann in Form von zwei Gruppierungen wieder zusammengesetzt. Unterschiede in Ziel und Programm sind für Außenstehende nicht erkennbar.

Investment-Kapital

muss in Rationalisierung investieren um sich auf dem Markt zu behaupten und Rendite zu erwirtschaften.
LohnarbeiterInnen zu entlassen ist – innerhalb dieser Logik – positiv zu bewerten.
Entließen die Lohnarbeiter sich sämtlich selbst, würde das – innerhalb jeder herrschenden Logik – negativ bewertet werden.
Nicht nur in Deutschland gibt es sie – Linke, in Parteien organisiert oder parteilos, die vermuten, ominöse Männer abgesandt von Goldmann Sachs oder aber Goldmann Sachs als lebender Organismus oder Herr Rothschild als Unsterblicher würden heimlich die Fäden im System Kapitalismus ziehen, um ihn somit in eine ihnen genehme Richtung zu lenken.
Wären es allerdings tatsächlich Männer von Goldmann Sachs oder Herr Rothschild in Person(und nicht die Märkte), die den Kapitalismus lenken - würden Sachs, Rothschild & Friends den Kapitalismus und alles, was sich immer bedrohlicher rings um ihn herum auftürmt, derart aus dem Ruder laufen lassen?
Wozu?

In die Jahre kommen

Dass in Deutschland fast jede zweite Rente unter 800 Euro liegt meldete der Spiegel* im Sommer 2018. Zum Vergleich: Das aktuelle Existenzminimum liegt im Herbst 2019 bei 9.168 Euro. Das bedeutet, dass tatsächlich sogar noch mehr als die Hälfte aller SeniorInnen ihre Altersbezüge mit sogenannter Grundsicherung, Sozialhilfe für RentnerInnen, aufstocken müssen.
Besonders häufig trifft es Frauen. Für eine Armutsrente haben sie nicht nur fast ihr Leben lang lohngearbeitet, sondern gleichzeitig auch Kinder großgezogen und Haushaltsarbeit erledigt.
Das wirft wieder die Frage auf, warum Menschen schmutzige und gefährliche Lohnarbeit, die zumeist auch noch schlecht bezahlt wird, übernehmen. Damit sie im Alter beim Sozialamt Geld zum Überleben beantragen müssen, was sie auch tun müssten, wenn sie überhaupt nicht gearbeitet hätten und sich vergnügt oder sich zumindest von mieser, unterbezahlter Lohnarbeit ferngehalten hätten?
Der Mensch will gebraucht werden.
Und die SPD will mal nicht so sein.
In Anbetracht der Tatsache, dass die Partei mittlerweile bei einem einstelligen Wahlergebnis angekommen ist, durchaus

verständlich. Die SPD hat sich also Gedanken gemacht, wie es wieder bergauf gehen könnte, nein, nicht, wie es bergauf mit deutschen RentnerInnen gehen könnte, sondern bergauf mit der SPD.
Schauen wir uns an, was man im November 2019 unter dem Begriff Grundrente gemeinsam mit der Koalitionspartnerin CDU auf den Weg gebracht hat.
RentnerInnen sollen ab Januar 2021 einen Zuschlag erhalten, wenn sie 35 Jahre lang Beiträge gezahlt haben und ihre Beitragsleistung unter 80 Prozent, aber über 30 Prozent des Durchschnittseinkommens liegt. Gelten soll die Grundrente für Bestands- und NeurentnerInnen. Der Zugang zur Grundrente erfolgt über eine Einkommensprüfung, die Rentenversicherung und Finanzämter vornehmen sollen. Der genaue Betrag wird individuell errechnet. Laut Bundesarbeitsministerium soll beispielsweise eine Friseurin mit einer Rente von knapp 530 Euro im günstigsten Fall auf knapp 935 Euro Grundrente kommen.
Diese Summe ist in Anbetracht der aktuellen Mietpreise und steigender Kosten für Hilfsmittel zur Gesunderhaltung im Alter noch immer eine Hungerrente nach 35

Jahren harter, gesundheitsgefährdender Lohnarbeit.

Wer keine 35 Jahre gearbeitet hat soll übrigens leer ausgehen, beziehungsweise kann sich eine niedrige Rente beim Sozialamt aufstocken lassen. Ab 2020 liegt der monatliche Sozialhilfesatz in Berlin bei:

432,- Euro plus Mietkosten bis zu einer Höhe (bruttowarm) von ca. 450,- Euro plus Sonderbedarf zwischen 40,- bis 150,- Euro für Kranke und Behinderte.

Wenn es ums Geld geht werden also die, die 35 Jahre lohngearbeitet haben, denen, die weniger oder gar nicht lohngearbeitet haben, bereits gleichgestellt. Politik und Gesellschaft müssen sich nun nur noch darauf einigen, die Gleichwertigkeit von Lohnarbeit und Arbeit auch in allen anderen Bereichen hervorzuheben.

*https://www.spiegel.de/wirtschaft/soziales/rente-fast-jede-zweite-rente-liegt-unter-800-euro-drohende-altersarmut-a-1218004.html

Kommunismus
„Sei Du selbst die Veränderung, die Du Dir wünschst für diese Welt“
Ghandi

Ich bin kein Fan von Ghandi. Er war ein Rassist, der nichts dabei fand, dass Schwarze, die er als Kaffer bezeichnete, unterdrückt wurden, ja, er war sogar empört, dass diese auf eine Stufe mit hellhäutigen Indern gestellt wurden. Er war darüber hinaus ein Frauenhasser, der dafür plädierte, Frauen, die vergewaltigt worden waren, nicht mehr als Menschen anzusehen, denn die Schuld für die Vergewaltigung trügen sie selbst. Dabei will ich es belassen. Ghandi sonderte zwar noch viel mehr solcher „Friedensbotschaften“ ab, doch darum soll es hier nicht gehen. Man lese es an anderer Stelle nach.
Dennoch führe ich sein „Sei Du selbst die Veränderung, die Du Dir wünschst für diese Welt.“ hier an, denn es taugt immerhin als Motto im Umgang mit einem bestimmten Flügel der Partei Die LINKE sowie strammen APO-GenossInnen in sozialistischen Organisationen.
Wer es noch nicht wusste, weiß es jetzt: Der Sozialismus wird als Vorstufe des Kommunismus gehandelt.

Eigentum?

SozialistInnen (wie auch weitere Teile der parlamentarischen und außerparlamentarischen Linken und LINKEN) plädieren für die Abschaffung des Eigentums. Aber nicht für die Abschaffung des Eigentums aller. Und auch noch nicht jetzt. Ein Smartphone, ein Fahrrad, PC, Notebook und eine Kufiya soll man schon besitzen dürfen. Weil Mitglieder der sozialistischen Strömungen diese unverzichtbaren Dinge besitzen. An diesen GenossInnen hat das Volk sich zu orientieren. Aber über kurz oder lang sollte man auch all diese Dinge abschaffen (außer der Kufiya). Ob die sozialistischen Linken beim Abschaffen die ersten sind, ist noch nicht abschließend geklärt. Tatsache ist aber, dass auch SozialistInnen um die seltenen Erden wissen, die in ihren Smartphones stecken. Afrikanische Kinder müssen das Zeug unter Einsatz ihres Lebens aus Gruben holen. Abschaffen sollte man deshalb auch Kinderarbeit, finden die SozialistInnen. Dann, wenn es soweit ist. Darauf warten die SozialistInnen. Solange behalten sie ihre Handys, sie brauchen sie schließlich, damit auf Demonstrationen gegen Ausbeutung der Kopf des Prostest-Zugs mit dem Schwanz kommunizieren kann. Die SozialistInnen warten also mit dem Handy-Abschaffen auf bessere Zeiten. Wer aber soll diese besseren Zeiten

einläuten? Der Vorstand von Siemens oder Apple?
Das ist ungeklärt, aber Linke und LINKE träumen schon mal. Davon, dass nicht mehr die Märkte (oder in der Imagination einiger Linker und LINKER die Herren von Goldman Sachs, Herr Rothschild oder unsichtbare Mächte) den Kapitalismus an unsichtbaren Fäden lenken, sondern Linke und LINKE mit ihrem Lohnarbeitswahn das Volk tyrannisieren.

Linke
Was sind das für Menschen?

Linke und LINKE sind – grob zusammengefasst – Menschen, die das Kollektiv höher werten als das Individuum und seine freiheitlichen Rechte.
LINKE und Linke sind Menschen, die zusehen, dass sie selbst Lohnarbeit haben. Am besten Lohnarbeit, die mit Hilfe von linkem Verstand erledigt werden kann. Steht solche Lohnarbeit für Linke und LINKE nicht zur Verfügung, erfinden sie welche. Sie überlegen sich, wie man die Welt für ein paar Monate von Nazis säubert, wie man Wohnungslosen das Kochen beibringt, wie man Kindern aus armen Familien während

der Ferien zeigt, worauf sie für den Rest ihrer Kindheit zu verzichten haben, wie man Geflüchteten den größten Wunsch erfüllt, nämlich mit Deutschen in einem Chor zu singen und so weiter. Um all das realisieren zu können, beantragen LINKE und Linke bei der verhassten kapitalistischen Regierung Projektgelder.

Gehen Linke und LINKE keiner anständigen Lohnarbeit nach?

Glücklich, wer die verhasste kapitalistische Regierung um nichts bitten muss. Glücklich die, die das nicht nötig haben, weil sie einen der beliebtesten linken Jobs ergatterten. Büroleitung, wissenschaftliche Mitarbeit oder Hilfskraft für alles oder nichts im Bundestag bei Abgeordneten der Partei Die LINKE.

„Weißt du eigentlich, wie schwer es ist, acht Stunden lang nichts zu tun zu haben, aber so zu tun, als arbeite man?“, fragte mich ziemlich verzweifelt einst eine solche links-gesinnte Abgeordneten-Hilfskraft.

Nein, ich konnte mir das nicht vorstellen. Ich arbeitete zu dieser Zeit freiberuflich und musste mit ganz anderen Problemen kämpfen, zum Beispiel mit dem, mir den Tag so einzuteilen, dass ich zumindest

Samstags nach sechs Stunden Arbeit Feierabend machen konnte.
Ich verriet das der Hilfskraft, auch, dass ein Grundeinkommen prima für mich wäre. Ich müsste nicht jeden mies bezahlten Auftrag annehmen und könnte zwischendurch ein bisschen leben.
Doch die aufgrund fehlender Arbeit beim Abgeordneten gestresste Linke lehnte die Idee, jedem Menschen ein Grundeinkommen auszuzahlen, entschieden ab.
Im Gegensatz zu vielen ihrer GenossInnen hatte sie sogar ein Argument parat. Bei Bezug eines Grundeinkommens, so erklärte sie mir, würden sich die ArbeiterInnen nicht mehr gegen die KapitalistInnen wehren.
Dass Lohnarbeitende sich mit einem emanzipatorischen Grundeinkommen in ausreichender Höhe zumindest nicht mehr in dem Maße wie jetzt gegen ArbeitskraftnehmerInnen wehren bräuchten, lautete meine Antwort. Wenn nämlich die angebotene Lohnarbeit aufgrund des Gehalts oder der Bedingungen unzumutbar wäre, würde man nein danke sagen und sich einen besseren Lohnarbeitsplatz suchen. Fertig.
Das überzeugte die Linke nicht. Der Aufstand würde erlahmen, wiederholte sie.

Ja, wiederholte ich. Nämlich die Form von Aufstand, die Lohnarbeitenden Existenzängste bereitete und Nervenkraft, Gesundheit und Lebensjahre kostete.
Die linke Hilfskraft dachte nach. Und änderte die Taktik. Es wäre nicht links, Geld vom Staat anzunehmen.
Ich erinnerte sie daran, dass der Staat keine eigene Schatztruhe besäße, aus der er Geld verschenkte, sondern unser aller Geld verwaltete und verteilte und das nicht zu Gunsten der meisten lohnarbeitenden Menschen.
Die Hilfskraft blieb dabei – ein Grundeinkommen würde der linken Sache nicht zuträglich sein.
Darauf konnten wir uns allerdings einigen, nicht ohne dass ich daran erinnerte, wie viele LohnarbeiterInnen die LINKE eh nicht mehr wählten, weil sie einer Partei, deren Geschäftsmodell arme Menschen sind, nicht zutrauten, dafür zu sorgen, dass das Leben hart und schmutzig lohnarbeitender Menschen einfacher und gesünder würde.
Und auch die, die sich aufgrund ihrer prekären Beschäftigungs- und Lebenssituation überhaupt nicht organisieren könnten, hätten vermutlich wenig Zuneigung für die LINKE übrig. Und

nicht zu vergessen all die FreiberuflerInnen und KünstlerInnen.
Für letztere hatte die Hilfskraft aber einen Lösungsvorschlag parat. Wenn der Sozialismus da wäre, könnten wir alle KünstlerInnen sein. In unserer Freizeit.
Bis dahin musste die Bedauernswerte sich allerdings mit einem Problem herumschlagen. Sie musste im bequemen, angenehm geheizten Büro eines Abgeordneten acht Stunden am Tag so tun, als habe sie Arbeit zu erledigen.

Männer

Männer, die sich keiner Hierarchie unterordnen dürfen, zum Beispiel weil sie keiner Lohnarbeit nachgehen, haben oft ein Problem. Aber das lösen sie. Auf Männerart.
Manch ein erwerbsloser Mann weiß innerhalb kürzester Zeit, wie man mit den SachbearbeiterInnen im Jobcenter umzugehen hat, damit diese spuren und einem je nach Wunsch eine einträgliche Lohnarbeit vermitteln oder aber einen mit Lohnarbeit in Ruhe lassen, am besten ein für alle Mal. Auch wie man es anstellt, nicht mehr vor 10 Uhr morgens ins Amt vorgeladen zu werden, wissen Männer. Und noch viel Hilfreiches mehr.

Ein Mann will es stets zur Meisterschaft bringen

Wenn nicht am Lohnarbeitsplatz oder im eigenen Betrieb, dann aber bei allen Zweigstellen der Bundesagentur für Arbeit. Der geschickteste Erwerbslose will man sein, der, der sich nichts bieten lässt, der, der den anderen Tipps geben kann.
Mit Männern, die auch nicht lohnarbeiten möchten, konkurriert man um den Chefposten des Verweigerers. Über die eigenen hervorragenden Methoden, sich Lohnarbeit vom Halse zu schaffen und die diesbezügliche Stümperei anderer Männer schreibt man unermüdlich auf dem speziell hierfür eingerichteten Blog.
Frauen, die ebenfalls gute Rezepte gegen Lohnarbeitszwang haben, ignoriert man. Außer, sie sind bereit mit einem zusammenzuarbeiten, aber nur in untergeordneter Position, als Sekretärin oder Bookerin oder Social-Media-Beauftragte für Facebook, Twitter und sämtliche Erwerbslosenforen.

Protest?
Im analogen Leben andere Erwerbslose zusammentrommeln, je nach Aggressionspotential gemeinsam die

Straßen besetzen oder auseinandernehmen – Fehlanzeige. Lieber im einsamen Kampf, allenfalls unterstützt und verstanden von der ehrenamtlichen Sekretärin, daran arbeiten, die erwerbslose Konkurrenz in Sachen Verweigerung aus dem Feld zu räumen. Das ganze wird zum Vollzeitjob für jemanden, der nach eigenem Bekunden nicht lohnarbeiten möchte (was nicht zu beanstanden ist).
Die durchgeknallten Deutschen und ihre Lohnarbeit-Zwangsneurose einfach ignorieren, stattdessen das Leben genießen? Selten.
Ein Mann muss sich messen.

Nationalsozialisten und -innen
Für NationalsozialistInnen gehörte zur arischen Adelung das Verrichten von Lohnarbeit. Im Rahmen einer ehrlichen Lohnarbeit, so wurde es dem deutschen Volk infiltriert, habe man sich zu mühen und zu plagen. Die Glieder habe man am Abend als Zeichen erfolgreicher Erfüllung edler deutscher Pflicht zu spüren.
Reinrassige Deutsche sollten sich zu erkennen geben anhand bedingungsloser Pflichterfüllung; arisch war beispielsweise

das Handwerk. Oder auch der Ordnungsdienst im KZ.
Das Wohl des Kollektivs wog schwerer als das Wohl des Individuums, abgesehen vom Wohl des Borderliners Hitler, den die Deutschen als geeignet ansahen, in ihrem Namen zu sprechen und zu agieren.
Und auch im Nationalsozialismus war Arbeit Zwang und Disziplinierungsmaßnahme bis hin zur (Todes)Strafe.
Arbeit, die in Verdacht stand, Arbeitende nicht klein zu halten und ihre Gesundheit zu ruinieren, Arbeit, die Freude bereitete und dabei nicht dem Nationalsozialismus huldigte, als da wären diesbezügliche künstlerische oder intellektuelle Betätigungen, wurde ebenso wie sogenanntes unproduktives Tun, beispielsweise Betätigung im Bereich Kapitalverkehr, von der Liste des arisch einwandfreien Tuns gestrichen und als jüdischer Umtrieb deklariert.

Jud Süß

Ein Film, der diese Haltung anschaulich dokumentiert, ist der Propagandastreifen Jud Süß, ein nationalsozialistisches Auftragswerk, das 1940 in die deutschen Kinos gelangte. Verzerrt wird darin das

letzte Kapitel im Leben des Joseph Süß Oppenheimer wiedergegeben. So steht ein als gefährlich-raffiniert gezeichneter, jüdischer Experte dem Herzog von Württemberg in Finanzfragen zur Seite und macht sich schließlich unentbehrlich. Süß veranlasst im Film durch Trug und List, dass das ehrlich lohnarbeitende arische Volk um sein Hab und Gut gebracht wird – bis er am Schluss des Films dafür einer vermeintlich gerechten Strafe, nämlich dem Tod zugeführt wird. Der Film wird zum deutschen Kassenschlager.
Die deutsche Frau und der deutsche Mann empfinden bei der Hinrichtung eines Menschen nicht etwa Grauen, sondern vielmehr Genugtuung. Der Film hat ihnen in aller Deutlichkeit vor Augen geführt, dass die/der redlich lohnarbeitende Deutsche zu etwas Großem gehört. Zu einer edlen Rasse, die von „unredlichen“, abstrakten Elementen des Kapitalismus, im Film als jüdisch deklariert, bedroht ist.
Der Tod des Jud Süß macht das deutsche Volk glücklich. Es ist erlöst vom kollektiven Leiden am Juden, der die vermeintlich Anständigen trotz Lohnarbeit auf keinen grünen Zweig kommen lässt. Der Tod von Süß macht niemanden der redlich Arbeitenden reicher, aber die Zugehörigkeit

zum Bund der Redlichen scheint erhabener zu sein als ein Leben in Wohlstand. Und selbst wenn man zu den Begüterten gehört, halluziniert man sich als Opfer des noch wohlhabenderen Juden. „Parasit“ Süß Oppenheimer muss stellvertretend für alle Juden, oder: stellvertretend für das Jüdische, also das Böse im Kapitalismus sterben. Seine Hinrichtung ist die Befreiung der ehrbar Lohnarbeitenden.
Allerdings scheint sich die Meute nie zu fragen, wer ihr das beglückende Gefühl der Zugehörigkeit zum Bund der Ehrbaren vermitteln wird, nachdem der Jude von der Welt getilgt ist, der Kapitalismus aber nicht. Was wiederum zeigt, dass im Massenrausch Rationalität und Logik ausgeblendet sind.
Ein Jahr später, 1941, wird auf der Wannseekonferenz die „Endlösung der Judenfrage“ beschlossen.
Mehrere Millionen Jüdinnen und Juden werden ab jetzt ohne jeden Anlass oder eine Anklage vom Bund der Ehrbaren ausgeplündert, verhaftet, in Konzentrationslager verschleppt und getötet.

Tod durch Arbeit

In den Konzentrationslagern kommen Jüdinnen und Juden nicht lediglich durch Vergasung, Erschießung oder Aushungerung um. Viele, die als arbeitsfähig eingestuft werden, sterben zuvor an Überanstrengung aufgrund eines nicht zu bewältigenden Pensums an Arbeit. Die Strafe für die vermeintliche Ausplünderung der Ehrbaren ist, sich zu Tode schuften zu müssen. Auch durch Arbeiten, die weder der Infrastruktur, der Allgemeinheit oder sonst jemandem zugute kommen, sondern lediglich als Folter eingesetzt werden. Der Tod durch Erschöpfung in den nationalsozialistischen Konzentrationslagern kann somit als deutsche Königsdisziplin des Gebrauchs der Waffe Arbeit bezeichnet werden.

Entnazifizierung ?

Nach der vermeintlichen Entnazifizierung der Deutschen ist die Strafmaßnahme Arbeit nicht wesentlich humaner geworden. Sie zielt heutzutage auf Demütigung ab, also auf seelische und nicht mehr auf körperliche Vernichtung.
Der Hinweis auf den „bösen“ Anteil im Kapitalismus wurde ebenfalls beibehalten. Zum Beispiel bei zahlreichen Linken wie auch bei Teilen der Partei Die LINKE.

Sarah Wagenknecht in ihrem Buch *Reichtum ohne Gier*:
„[...] Der Kern der Macht der oberen Zehntausend und der Ursprung ihrer leistungslosen Bezüge ist die heutige Verfassung des Wirtschaftseigentums […].“*
Wagenknecht ist Ökonomin und erweckt zudem den Eindruck, als sei sie sehr intelligent. Dass der Kapitalismus ein System ist, das sich nicht in „guten, ehrbaren“ und „bösen, unredlichen“ Anteile zerlegen lässt, sondern, von uns allen befördert (wenn auch nicht alle von uns profitieren), innerhalb seiner Logik dahin führen muss, wo es heute angelangt ist, dürfte sie eigentlich spielend begriffen haben. Was bezweckt Wagenknecht mit solchen Aussagen?
Wenig verwunderlich, dass auch die Personalisierung des „Unredlichen“ im System Kapitalismus die Entnazifizierung überstanden und lediglich die Farbe gewechselt hat. Der, der dem ehrlich lohnarbeitenden Volk das Leben schwer macht, ist heute der Börsenspekulant. Mittels magischer Macht betrügen er und seine KomplizInnen die Ehrbaren um ihr unter Schweiß und Mühsal verdientes Geld.

Dass der Börsenspekulant ein austauschbar (lohn)arbeitendes, innerhalb kapitalistischer Logik stimmiges Individuum ist spielt keine Rolle. Deutsche (Linke) sind hier ausnahmsweise bereit, ein Auge zuzudrücken.
Woran erinnert uns das?

*aus: Sarah Wagenknecht, Reichtum ohne Gier - **Wie wir uns vor dem Kapitalismus retten** Campus Verlag (8. März 2018)

Open Border, zu Deutsch: Offene Grenze Schlachtruf vieler deutscher urbaner Linker und LINKER.
Open-Border-VerfechterInnen verlangen die Abschaffung von Landes- und Kontinent-Grenzen, häufig auch eine Entstaatlichung der Welt.
Erhebungen, ob und wie dieses Ansinnen bei Linken anderer Staaten ankommt, gibt es nicht. Deutsche Linke und LINKE, die meinen, eine Welt ohne Staatsgrenzen wäre das Gegenmodell zum Kapitalismus, haben diesbezügliche internationale Befragungen unter GenossInnen entweder (bislang noch) nicht durchgeführt oder aber der

Öffentlichkeit die Ergebnisse einer solchen Befragung nicht zugänglich gemacht. MenschenrechtsaktivistInnen zahlreicher Nationen, die ihre Verantwortung denen gegenüber, für die sie angetreten sind, ernst nehmen, könnten abschlägige Bescheide erteilen. Nein, nicht weil sie nationalistisch im negativen Sinne sind, sondern weil sie eventuell meinen, dass in Zeiten der Globalisierung reiche Menschen, bzw. das Kapital den Nationalstaat sowieso nicht mehr nötig hat, obwohl der natürlich immer noch nach kapitalistischer Verwertungslogik, also zu Gunsten Reicher funktioniert. Aber profitieren nicht auch Lohnarbeitende, besonders Frauen, in demokratischen Staaten, nämlich davon, dass es Gesetze zu ihrem Schutz gibt, auch wenn diese stark verbesserungswürdig sind und natürlich auf alle Staaten der Welt ausgeweitet werden müssen?

Oder andersherum: Würden Lohnarbeitende, besonders Frauen, dort, wo es keinen Sozialstaat gibt, von einer entstaatlichten Welt profitieren?

Ich komme gleich darauf zu sprechen.

Der Ruf nach Open Border ist jedenfalls relativ deutsch-links. Die Angelegenheit ist vertrackt. Schließlich soll der Mensch frei sein, also dort leben dürfen, wo er möchte.

Aber könnte er das in einer entstaatlichten Welt?

Weitere Fragen

Gemäß dem Thema dieser Schrift fange ich mit Fragen bezüglich der Lohnarbeitsrechte an. Wie wird der Lohnarbeitsmarkt einer entstaatlichten Welt im Sinne der Lohnarbeitenden geregelt? Wer wird sicherstellen, dass Mindestlöhne gezahlt werden? Wer wird verhindern, dass Unternehmen und Konzerne auf Kündigungsschutz pfeifen und zudem auf eine Mindestarbeitszeit, Mutterschutz, eine Elternzeit und was sonst noch in nationalen Parlamenten an Regularien zugunsten von Lohnarbeitenden beschlossen wird?
Wie die Befugnis zur Regelung des Lohnarbeitsmarktes auf welchen Gebieten festgelegt werden soll, denn Gesetze zugunsten Lohnarbeitender müssen verkündet und bestenfalls eingehalten werden, wissen VerfechterInnen von Open Border noch nicht genau. Es würde sich aber finden. Weil die ArbeiterInnenschaft der Welt dann zusammenhielte und sich organisiere.
Warum die ArbeiterInnenschaft das bislang noch nie getan hat, bleibt ungeklärt.

Auch wird die Weltgemeinschaft – laut Linke – zu verhindern wissen, dass sich Millionen von mittellosen und wenig gebildeten Menschen dort Elendsquartiere bauen, wo man ihnen Arbeit zu Spottpreisen oder Naturalien anbietet. Vor riesigen Elendsgebieten, die da entstehen werden, wo es für ein paar Cent viel Schufterei gibt und wo lediglich das Recht des Stärkeren (des Konzerns) gilt, fürchtet sich die deutsche Open Border-Fraktion nicht. Vielleicht, weil noch niemand von ihnen Südamerika bereist hat. Nicht mal Marbella oder Costa del Sol und wo es sonst noch Gated Communities gibt, zu denen armen Menschen lediglich zum Putzen der Wohnungen Wohlhabender Zutritt gewährt wird. Vielleicht besitzt man als Mitglied der Open-Border-Fraktion auch keinen Fernsehapparat. Kein Internet, kein Radio. Und liest keine Zeitung. Weiß deshalb nicht, wie Wohlhabende immer Mittel, Wege und HelferInnen fanden und finden, sich vor Armen zu schützen. Das Kapital der globalisierten Welt braucht keine Staaten mehr (die paradoxerweise noch immer nach kapitalistischer Verwertungslogik funktionieren). Die internationale Gemeinschaft der Reichen braucht ebenfalls keine Staaten. Man hat Elektrozaun und

Selbstschussanlage. Das Abschaffen von Landesgrenzen würde endgültig die Blütezeit der Sicherheitsindustrie einläuten. Die Wohlhabenden dieser Welt halten nämlich zusammen, zumindest, wenn es um Selbstverteidigung geht. Jetzt schon. Ich empfehle jedem Open-Border- Träumerle das Buch: Titus Gebel, Freie Privatstädte: Mehr Wettbewerb im wichtigsten Markt der Welt.

Open Border ist gleich grenzenlose Freiheit?

Sicher. Neoliberale Glücksritter sehen es so. Ganz ohne lästige Gesetze Menschen, die Hunger haben, zum Arbeiten anheuern und wenn man gnädig ist, sogar zum Lohnarbeiten – da könnte man sich Imperien aufbauen. Da schlägt das neoliberale Herz höher. Und seltsamerweise manch linkes Herz im Gleichtakt dazu.

Trivia

Ich wollte es wissen. Nämlich, wie man in einer entstaatlichten Welt für den Schutz Lohnarbeitender sorgen würde.

2017, ein Arbeitstreffen zum Grundeinkommen im Karl-Liebknecht Haus, Sitz der Berliner LINKEN. Während der Pause kam ich mit jemandem, der sich zuvor als Open-Border-Verfechter zu erkennen gegeben hatte, ins Gespräch. Ich gab das Problem der Entstehung von riesigen Elendsgebieten zu bedenken. Ich gab zu bedenken, dass Staatlichkeit auch und bestenfalls dazu da ist, Frauen und Minderheiten vor Ausbeutung und Willkür zu schützen. Dass Staatlichkeit dazu da ist, Opfern von Verfolgung aufgrund unerlaubtem Atheismus, unliebsamer sexueller Orientierung oder unerwünschter Emanzipation Schutz zu gewähren. Bestenfalls die Türen zuzumachen für die Verfolger. Wie das gelingen sollte in einer entgrenzten Welt? Wie sollte man in einer Welt ohne Staatlichkeit verhindern, dass Menschen zu Hungerlöhnen oder gar gegen Kost und Logis arbeiten müssten? Wer sollte in einer Welt ohne territoriale Zuständigkeit dafür sorgen, dass die Interessen von Konzernen nicht mittels Gewalt durchgesetzt werden würden – nämlich dort, wo zahllose Menschen ohne jede Chance auf Bildung ihr Quartier aufschlagen müssten? Und wer würde politisch Verfolgten nicht nach Tageslaune

und Willkür sondern gesetzlich verankert Schutz gewähren? Wer würde verhindern, dass mittellose Frauen noch zahlreicher als bereits jetzt verschleppt und in die Prostitution gezwungen würden?
Der Kämpfer für Entgrenzung wusste darauf eine Antwort. Die Weltgemeinschaft, die dann zusammenhielte, würde für all das sorgen.
Warum er das meinte, wo doch noch nicht einmal die wenigen tausend Mitglieder einer linken Partei zusammenhalten könnten, wollte ich wissen. Warum er das meinte, wo doch so gut wie jede noch so kleine Selbstorganisation irgendwann aufgrund von Macht- oder Flügelkämpfen zerfiele oder sich in mehre Fragmente spaltete, die ihre Energie damit vergeudeten, gegeneinander anzukämpfen.
Solche wie mich könne er nicht mehr ertragen!, lautete die wenig zufrieden stellende Antwort.
Und zumindest das schien er ernst zu meinen, denn er schnappte sich seine Jacke, schrie, er müsste frische Luft schnappen. Durch das große Fenster des Konferenzraums sah ich ihn kurz darauf keuchend um das Karl-Liebknecht-Haus joggen. Als er zurückkam, war er außer Puste, wirkte aber etwas entspannter.

Mich würdigte er keines Blickes mehr. Setzte sich, als die Pause vorbei war und es im Programm weiterging, woanders hin. Fensterplatz mit Frischluftzufuhr, dennoch erwachte sein Kampfgeist an diesem Abend nicht mehr.
Vielleicht, so dachte ich auf dem Heimweg, würde er im Falle von Open Border wieder zur alten Form zurückfinden. Sich ein paar GenossInnen schnappen, um in die Elendsghettos der Welt zu reisen und den LohnarbeitssklavInnen in den Fabriken zu erklären, wie sie einen Aufstand zu organisieren hätten. Wie man den Chef stürzen könnte, der irgendwo am anderen Ende der grenzenlosen Welt in seinem Büro hinter Elektrozaun und Alarmanlage saß, von wo aus er seine Fabrik-Aufseher-Roboter per Computerklick instruierte. Falls Open-Border-KämpferInnen dann nicht selbst Hilfe bräuchten, um weiterhin ungestört ihre Kampfschriften zu verfassen oder ihrer Projektarbeit nachzugehen, wo doch plötzlich die staatliche Alimentierung wegfiele. Nur: Hilfe von wem?

Nein, dieses Kapitel ist kein Plädoyer, reiche Länder per Staatsgrenzen vor armen ZuwanderInnnen zu schützen. Dieses Kapitel ist, so wie das gesamte Buch, ein

Plädoyer, endlich dafür zu sorgen, dass die bestehenden Verhältnisse, die zu Ungunsten der meisten von uns sind, sich ändern. Wenn Staatsgrenzen wegfallen, Menschen aber immer noch glauben, weil sie es eingetrichtert bekommen, es wäre ihre Pflicht, zu lohnarbeiten, selbst wenn sie davon nicht profitieren, ändert sich nichts. Es gäbe aber einiges, was wir jetzt schon tun könnten. Zum Beispiel dagegen zu protestieren, Produktion gezielt in Länder zu verlegen, in denen zahllose Menschen keine Möglichkeit haben, eine Lohnarbeit, egal welche, abzulehnen. Auch wenn unsere Schokolade und unsere Smartphones dann teurer werden.
Zum Beispiel, dagegen zu protestieren, dass für das Kapital lukrative Geschäfte mit diktatorischen Regimen abgeschlossen werden.
Zum Beispiel, dafür zu streiten, dass jeder und jedem ein bedingungsloses Grundeinkommen ausgezahlt wird, Menschen in den ärmsten Ländern zuerst. Zum Beispiel, dafür zu streiten, dass Maschinen und Roboter so viel Arbeit wie möglich erledigen. Zum Beispiel, Menschen beizubringen, dass sie in einer globalisierten Welt kein Recht auf Lohnarbeit mehr haben werden, dafür ein Recht auf Faulheit, ein

genussvolles Leben und genug Zeit, um sich gegen ungerechte Verhältnisse zu wehren. Vielleicht entsteht dadurch tatsächlich so etwas wie Zusammenhalt zwischen denen, die angeblich zum Lohnarbeiten geboren wurden. So etwas wie Solidarität und die Fähigkeit zur Selbstorganisation, anstatt sich gegenseitig zu belauern, ob man auch ja (zu Gunsten des Kapitals) lohnarbeitstätig ist.
Klingt naiv? Naiver, als zum gegenwärtigen Zeitpunkt weltweit Landesgrenzen einreißen zu wollen?
Landesgrenzen einreißen, damit antinationale globale Gemeinschaften von Wohlhabenden entstehen, zu denen Lohnarbeitende nur zum Putzen Zutritt haben? Damit antinationale globale Gemeinschaften Religiöser entstehen, wo Ungläubige, Frauen und Homosexuelle nichts zu lachen haben?
Wenn euch die Staaten in ihrer momentanen Erscheinungsform nicht passen, wählt endlich die Regierungen ab. Käut nicht deren Arbeits- Imperativ wieder.

Produktionsmittel
Linke finden, dass die Produktionsmittel in LohnarbeiterInnenhand gehören.

Lohnarbeitenden soll die Fabrik gehören, in der die neue Sommerkollektion geschneidert wird.

Keine Lust, Klamotten zu schneidern

Und wenn die Lohnarbeitenden, denen die Fabrik gehört, keine Lust mehr haben selbst zu schneidern?
Sie könnten das Schneidern von all denen erledigen lassen, die zum Beispiel in einer grenzenlosen Welt in den globalen Elendsghettos leben.
Die LINKE, falls es sie noch gäbe ohne staatliche Alimentierung, könnte auch diese Lohnarbeitenden aus Elendsghettos wieder auffordern, sich die Fabrik anzueignen. Und so weiter. So hätte die LINKE dauerhaft eine sinnstiftende Aufgabe. Und eine Sommergarderobe.
Dass es gerade unter Linken und LINKEN immer mehr (Lohn)arbeitende gibt, denen das Produktionsmittel, zum Beispiel der Computer zum Verfassen von Kampfschriften ohne Marktwert, selbst gehört, was weder vor Ausbeutung schützt noch vermögend oder glücklich oder gesund macht, ändert nichts an der kämpferisch hervorgebrachten Forderung: Die

Produktionsmittel gehören in ArbeiterInnenhand!

Quote

Eines der tiefgreifendsten Probleme zahlloser lohnarbeitender Menschen ist, dass sie ihr Leben als sinn- und wertlos empfinden würden, gingen sie keiner Lohnarbeit nach.
Befragt man Menschen, zum Beispiel auf Veranstaltungen zum Bedingungslosen Grundeinkommen zum Sinn des Daseins, spricht sich zumeist über die Hälfte der Befragten für Lohnarbeit zum Zweck der Sinnstiftung aus, viele räumen sogar die Sorge ein, ohne Lohnarbeit psychisch zu erkranken oder eine Depression zu entwickeln.
Eines der tiefgreifendsten Probleme der Märkte wäre, wenn zahllose Menschen ihr Leben ohne Lohnarbeit als wertvoll und sinnvoll empfinden würden.

Was sagt die Wissenschaft dazu?

Eine Untersuchung bringt es an den Tag: Acht Stunden Erwerbsarbeit genügen, um eine gute seelische Balance herzustellen. Acht Stunden pro Woche und nicht pro Tag, laut einer aktuellen Studie* von WissenschaftlerInnen der britischen Universitäten Cambridge und Salford. 70.000 BritInnen im Alter von 16 bis 64 Jahren wurden neun Jahre lang regelmäßig zu ihren Arbeitszeiten, Angstgefühlen, Schlafstörungen und ähnlichen Indikatoren der psychischen Verfassung befragt. Herausgearbeitet haben die WissenschaftlerInnen eben diese acht Wochenstunden.

Nun kann es möglich sein, dass die Ergebnisse in Deutschland anders ausfallen würden. Ich komme zurück zu meinen (natürlich nicht repräsentativen) Befragungen bei Veranstaltungen zum Bedingungslosen Grundeinkommen, die übrigens auch gern von Menschen, die gegen die Einführung eines Bedingungslosen Grundeinkommens sind, besucht werden.

Die, die befürchteten, ohne Lohnarbeit krank oder depressiv zu werden, verrieten häufig, dass ihr momentaner Job sie stressen, nerven, unter- oder überfordern würde, kurz, sie seien nicht vollkommen zufrieden mit ihrer Lohnarbeit. Dennoch erwarteten sie bei fehlender oder weniger Lohnarbeit offenbar schwerwiegendere gesundheitliche Probleme.

Natürlich sind weitere, nach wissenschaftlichen Methoden durchgeführte Untersuchungen nötig, um zu erforschen, ob es die Sozialisation ist, also der strikte Lohnarbeitsimparativ, eingehämmert über Generationen, die Menschen glauben macht, jede noch so unangenehme Lohnarbeit wäre ihrem Befinden zuträglicher als gar keine Lohnarbeit.

Zwei Stunden Arbeit am Tag

In Anbetracht von Untersuchungen bezüglich des flächendeckenden Einsatzes von Robotern und künstlicher Intelligenz, selbst in Bereichen, die man bislang für nicht automatisierbar hielt, wie beispielsweise Pflege und Medizin, wäre es sicher sinnvoll, das Augenmerk auf Studien wie die der Universitäten Cambridge und Salford zu richten. Außer man beabsichtigt, zukünftig durch sinnentleertes Hantieren in nachgebauten Supermärkten im großen Stil Depressionen vorzubeugen.
Nachlesen kann man genaueres zur Studie hier:
*

https://www.welt.de/wirtschaft/karriere/article195627231/Studie-zu-seelischer-

Gesundheit-Acht-Stunden-Arbeit-pro-Woche-sind-genug.html?xing_share=news

Reiche

Reiche sind die Leute, die nicht dazu gezwungen werden zu behaupten, jede noch so schmutzige oder gefährliche Lohnarbeit stimme sie glücklich und zufrieden. Wer reich geboren wurde, eine gute Erbschaft gemacht oder im Lotto eine Million gewonnen hat, heuert eher selten bei einer Zeitarbeitsfirma an, denn mies bezahlte, schmutzige Lohnarbeit zu verrichten gilt gemeinhin nicht als dekadenter Zeitvertreib. Gut situierte Prominenz zeigt sich gern auf Baustellen, in Krankenhäusern oder Altenheimen, aber nicht um zu schuften. Gut situierte Prominenz absolviert solche Besuche, nachdem eine von der Steuer absetzbare Spende getätigt wurde und die Presse zusagt, an dem Ort, dem die Wohltat zugute kam, aufzukreuzen. Nach Blitzgewitter und Befragung der Wohltätigen dürfen die

Lohnarbeitenden wieder in Erscheinung treten und weitermachen.

Und der Rest des Tages?

Wer durch glückliche Fügung nicht lohnarbeiten muss, um den Lebensunterhalt zu bestreiten, kann nach wohltätiger Handlung, die für Sinn im Leben sorgt, in der Sonne liegen, sofern diese scheint. Oder Segeln gehen. Oder Golf spielen. Oder ein bisschen arbeiten. Oder ans Meer fahren, dort Leute dafür bezahlen, die Küste von Plastikmüll zu befreien und die Presse darüber informieren. Ist die Küste sauber, kann man im Sand liegen und aufs Meer schauen, also einer Betätigung nachgehen, die bei weisungsgebundenen Lohnarbeitenden laut häufiger Selbstaussage eher Depressionen hervorriefe als Bockwurst im Brötchen zu verkaufen oder Zigaretten herzustellen. Um es kurz zu machen: Wer für seinen Unterhalt nicht lohnarbeiten muss, entscheidet über die Tagesgestaltung selbst. Das schließt nicht aus, einer Arbeit nachzugehen, die Freude macht. Die meisten Menschen brauchen eine Aufgabe.

Was sagen PsychotherapeutInnen?

Ich habe keine Mühe gescheut, zum Thema *Depression der Reichen aufgrund fehlender Lohnarbeit* zu recherchieren. Unter anderem habe ich Berliner PsychotherapeutInnen angerufen und mir einen 10-Minuten-Beratungstermin geben lassen. Ich habe erklärt, ich schreibe an einem Buch zum Thema Lohnarbeit und würde gern wissen, wie häufig gut situierte DepressionspatientInnen aufgrund fehlender Lohnarbeit um eine Therapie ersuchten.
12 von 30 angefragten TherapeutInnen (18 hatten keine Zeit für mich, beziehungsweise hielten meine Anfrage offenbar für einen Scherzanruf) gingen auf mein Anliegen ein. Alle 12 reagierten humorvoll bis belustigt, was mich erstaunte, denn nach geltender Meinung macht fehlende Lohnarbeit krank oder irre, und das ist wahrlich kein Anlass zur Heiterkeit.
Alle 12 TherapeutInnen signalisierten mir unter strenger Wahrung des Persönlichkeitsschutzes ihre PatientInnen, dass Reichtum und damit die fehlende Notwendigkeit, jede Lohnarbeit aufnehmen zu müssen, in aller Regel keine Motivation sei, eine Psychotherapie zu beantragen.

So?

Damit gab ich mich aber nicht zufrieden. Ich recherchierte weiter. Doch weder auf den populärwissenschaftlichen Gesundheitsseiten im Netz noch auf den Internetauftritten psychologischer Fachblätter war von den psychischen Problemen Wohlhabender zu lesen, die Praxen der PsychotherapeutInnen einrannten, weil die Notwendigkeit wegfiel, schmutzige oder gefährliche Lohnarbeit auszuführen.

Arbeit, die getan werden muss

Ja, es gibt Arbeit, die getan werden muss, auch wenn sie unangenehm ist. Arbeit im Bereich Lebensmittelversorgung oder Herstellung von unentbehrlichen Gütern muss getan werden. Arbeit in Kliniken und Altenheimen muss getan werden. Solange noch keine Roboter im Einsatz sind, die unangenehme Handgriffe übernehmen, müssen Menschen ran.
Dass zahllose Arbeiten in Kliniken und Pflegeheimen von Menschen erledigt werden müssen, scheint jedoch in deutschen Ministerien nicht bekannt gewesen zu sein. Bis sich eines Tages nicht mehr genug Personal für diese Tätigkeiten fand,

beziehungsweise immer mehr junge Menschen einen Bogen um diesen Berufsbereich machten. Anders ist es nicht zu erklären, dass Lohnarbeitende im Gesundheitswesen ihre knappe Zeit seit Jahren mit der Planung des nächsten entwürdigenden Lohnstreiks zubringen mussten. Und trotzdem scheint das Problem nicht in vollem Umfang mit allen Konsequenzen gesehen zu werden. Statt Löhne im Bereich Pflege radikal zu erhöhen und für Bedingungen zu sorgen, die jeder gut situierte Mensch selbstverständlich vorfindet, wo auch immer er sich bewegt, wird getrickst, improvisiert und gehofft, dass die, die den Betrieb jahrelang am Laufen hielten, und zwar meistens stillschweigend, pflichtbewusst und mies bezahlt, wieder zu ihrer alten Form zurück finden.

Man darf davon ausgehen, dass das nicht mehr geschehen wird. Und das ist gut für die in der Pflege Lohnarbeitenden und schlecht für uns alle. Da hilft auch kein PolitikerInnen-Geschimpfe, wonach die Jugend verwahrlost und nicht ausbildungsfähig wäre. Warum sollte man sich als ausbildungsfähig präsentieren, wenn man sein ganzes bisheriges Leben lang zusehen musste, wie sich Eltern und

Großeltern für eine Armutsrente die Gesundheit ruinierten?
Soll die Politik doch endlich über MillionärInnen schimpfen, die partout keine acht Stunden am Tag auf unterbesetzten Krankenhausstationen schuften wollen.

Und was halten die Linken und LINKEN von den gemeinen Reichen?

Linke und LINKE hassen Reiche, bis LINKE und Linke selbst so reich sind, dass sie die Klappe halten. Oder weiß jemand vom linken Multimillionär X, der lobende Vorträge zum Sozialismus hält?

Sozial ist, was Arbeit schafft
So wird es häufig verkündet.
Gefährlicher Unsinn. Sozial wäre es, gewisse Lohnarbeiten abzuschaffen, nämlich solche Lohnarbeiten, die nicht nur sinnlos sondern auch gefährlich sind (siehe u.a. **W** wie weibliche Lohnarbeit).
Und ja, noch mal, es gibt sie – Lohnarbeiten, die unangenehm und/oder gefährlich sind, aber momentan noch von Menschen erledigt werden müssen. Kranken und alten Menschen müssen Windeln und Verbände gewechselt werden. Brände

müssen gelöscht werden. Bomben müssen entschärft werden. Räume müssen nach dem Hantieren mit Giftstoffen gereinigt werden. Menschen für diese Tätigkeiten einzusetzen, ist jedoch keine soziale Tat, erst recht keine Gnade. Es ist pure Notwendigkeit, bis uns Maschinen diese Arbeit abnehmen. Bis dahin müssten die Menschen, die sich bereiterklären, zum Wohle der Allgemeinheit Risiken einzugehen, mit hohen Löhnen, viel Freizeit und allen nur möglichen Annehmlichkeiten entschädigt und gewürdigt werden. Werden sie aber nicht.

Es läuft umgekehrt. Wer uns die unangenehme oder schmutzige oder gefährliche (Lohn)arbeit abnimmt „darf" obendrauf noch für Anerkennung kämpfen, wer uns die unangenehme oder schmutzige oder gefährliche Lohnarbeit nicht abnehmen will wird gedemütigt, ausgegrenzt und bestraft. Falls nicht reich geboren oder durch glückliche Umstände zu Geld gekommen.

Eigentlich wenig erstaunlich in einer Gesellschaft, die Lohnarbeit als Waffe gegen Arme einsetzt.

Tabletten

Darüber, wie viele der tagtäglich weltweit verordneten Arzneimittel überflüssig sind, gibt es lediglich Schätzungen. Das liegt unter anderem daran, dass es in jedem Land andere vermeintlich behandlungsbedürftige Erkrankungen gibt. Ein niedriger Blutdruck hat beispielsweise in Großbritannien keinen Krankheitswert und wird scherzhaft oder gar spöttisch als German Disease bezeichnet.
In Deutschland aber lässt sich mit Medizin gegen einen niedrigen Blutdruck Geld verdienen. Wem es am Morgen nach dem Aufstehen blümerant wird, kann dem in Deutschland mit Pillen und Tröpfchen zu Leibe rücken. Ebenso gut könnte man eine Tasse Kaffee trinken oder ein paar leichte Gymnastikübungen am offenen Fenster absolvieren. Bei Kaffee und Gymnastik würde allerdings die Pharmaindustrie leer ausgehen.
Wie viel Geld sich weltweit mit weiteren überflüssigen Medikamenten gegen Lebensbedrohliches wie beispielsweise Schnupfen umsetzen lässt, kann man auf dieser Seite im Internet einsehen: https://de.statista.com/themen/794/arzneimittel/.
Aber Vorsicht, die Informationen können verstören und erschrecken.

Neben den Milliarden, die die Pharmaindustrie jährlich mit ihren Pillen und Pulvern und Tropfen und Salben gegen jedes erfundene Wehwehchen verdient, erfüllt die Produktion und Einführung eines Medikaments, das kein Mensch (und Tier) braucht, auch einen weiteren Zweck. Von der Entwicklung über die Herstellung über Testverfahren bis zum Marketing und Vertrieb verschafft ein nutzloser oder sogar gefährlicher Chemiecocktail mehreren tausend Menschen nicht nur Lohnarbeit, sondern auch das Gefühl, gebraucht zu werden.

Überlieferung

Dass Menschen Freude und Zufriedenheit empfinden, weil sie den Dreck wegzuputzen haben, den andere verursachen, glauben vermutlich nicht einmal Linke und LINKE, wenn sie auch nur ein paar Minuten in sich gehen.

Jeder Mensch hat es gern schön, mit Ausnahme einiger LINKER vielleicht, die so naiv sind, für bare Münze zu nehmen und im Alltag nachzustellen, was LINKE-ParteifunktionärInnen in Bezug auf Lohnarbeit und Arme predigen.

Der Rest der Menschheit möchte sich wohl fühlen, so lange wie möglich gesund bleiben, ausreichend schlafen, ausreichend essen, seine Zeit mit angenehmen Menschen verbringen, seine Zeit sinnvoll nutzen und genießen, sinnstiftende Arbeit oder Lohnarbeit verrichten, dafür angemessen bezahlt werden, gebraucht werden. Man möchte sich die Welt anschauen oder bleibt gern zu Hause. Man schaukelt am Sonntag in der Hängematte oder marschiert durch den Wald. Jede und jeder hat Vorlieben. Wer nicht reich geboren wurde, nichts erbt, nie im Lotto gewann hat allerdings nichts zu wollen. Hat auch nicht das Recht, sich um das eigene Wohl, die eigene Gesundheit zu kümmern. Wer nichts hat hat für das Wohlergehen anderer zuständig zu sein. So kostengünstig wie möglich. Seit Jahrhunderten. Das wird überliefert. Das klappt bis heute relativ reibungslos.

Kinder erziehen

Eltern, die davon überzeugt sind, kein Recht auf Wohlergehen und Selbstfürsorge zu haben, Eltern, denen eingetrichtert wird, es sei nun mal der natürliche Lauf der Welt, dass Arme sich um das Wohlergehen Reicher zu kümmern hätten, wird kaum

etwas anderes übrig bleiben, als diese Lehre an ihre Kinder weiterzugeben, wenn sie, und das ist das Perfide, gute Eltern im Sinne des herrschenden Systems sein wollen.
Das deutsche öffentlich-rechtliche Fernsehen sorgt dafür, dass das Mantra mittels Palaver-Shows ins Volk gepredigt wird.

2005, nach Einführung von Hartz IV

Erwerbslose, die keine Gelegenheit hatten, sich Bildung anzueignen, und deshalb auf dem Lohnarbeitsmarkt kaum mehr Chancen haben, Erwerbslose, die an Suchterkrankungen leiden sowie erwerbslose alleinerziehende Frauen wurden ab 2005 plötzlich zu begehrten Show-Gästen.
Einem Millionen-Publikum, das, wie suggerierte wurde, zwischen gut und böse unterscheiden konnte, wurden diese sogenannten Abgehängten als typische KundInnnen der frisch eröffneten Jobcenter vorgeführt.
Dass zahllose Menschen mit akademischen Abschlüssen – darunter besonders viele Frauen – ab 2005 ebenfalls von Hartz IV betroffen waren, wurde verschwiegen, ging es doch darum, einen ganz bestimmten

Hartz-Prototyp zu kreieren. Man brauchte Homunkuli, die kein Mitleid in der Bevölkerung erwecken würden. Intellektuell minderbemittelt sollten sie sein oder zumindest so wirken, faul, frech, ohne Disziplin und Verantwortung und von Alkohol oder Drogen gezeichnet. Frau ohne Schulabschluss aber mit fünf Kindern, alleinerziehend und übergewichtig, das passte. Die Körperfülle des Gastes sollte die Zuschauerschaft davon überzeugen, dass jemand, die sich im Hartz-IV-Bezug befand, keinen Hunger litt, obwohl Religion und SPD es andersherum predigten.

Sollte ein männlicher Paria vorgeführt werden, achtete man darauf, einen Analphabeten vorzuladen. Bereits die Titulierungen der oder des Vorzuführenden ließ auf den Zweck der Übung schließen. Es galt zu beweisen, dass es einem und einer HartzerIn dank der Fürsorge des Staates nicht an Geld mangele, sondern lediglich an der Fähigkeit, sich sozialverträglich zu verhalten, also wurde der Gast dem geifernden Publikum als „sozial schwach“ vorgestellt.

Als GegenspielerInnen lud man die ein, die zwar lohnarbeiteten, jedoch nicht ausreichend entlohnt wurden, um den Lebensunterhalt der Familie sicherzustellen.

Zwar wurde ihnen für die Sendezeit der Show die Rolle zugewiesen, das Gute zu symbolisieren, dennoch erniedrigte man auch sie bereits in der Vorstellungsrunde, indem man sie als GeringverdienerInnen bezeichnete. Sprache transportiert Information. Wer geringverdienend ist, verdient es offenbar nicht, mehr als ein paar Euro für die erbrachte, als minderwertig suggerierte Leistung zu beziehen.
Die, die tatsächlich derart sozial schwach waren, ihre Lohnarbeitenden nicht angemessen zu bezahlen, wurden nicht nur nicht eingeladen, sondern überhaupt nicht erwähnt.

Und los ging es

Den Geringverdienenden gegenüber saßen die HartzerInnen, die die Impertinenz besaßen, sich ihre Gesundheit, falls noch intakt, nicht in ausbeuterischen Lohnarbeitsverhältnissen zu Gunsten eines geringzahlenden Nutznießers ruinieren zu wollen. Um sicher zu stellen, dass das Publikum das Lernziel erreichen würde, schaltete man weitere Fallbeispiele empörender Selbstfürsorge per Einspieler live aus einer vermüllten Hartz-IV-Wohnung ins Studio. Ich möchte daran erinnern, dass in den ersten Jahren nach Einführung von Hartz IV die Partei Alternative für Deutschland, kurz AfD, noch nicht existierte. Somit musste man bei der Herabwürdigung von Teilen der Bevölkerung noch keine Grenzen beachten, denn es waren keine Konsequenzen, wie beispielsweise Abwanderung des Stimmviehs zu befürchten. Dass lediglich eine einstellige Prozentzahl der Deutschen den LINKEN zutraute, irgendetwas irgendwie zu richten war den Regierenden bekannt. Die LINKE stellte zu keinem Zeitpunkt eine Gefahr dar.

Zurück zur TV-Schwadronade.

Es nahmen ebenfalls teil: SozialarbeiterIn, JobcentermitarbeiterIn, FDP-Politiker, LINKE-Politikerin.

In derart illustrer Runde beriet man mit besorgter Miene über das Schicksal der anwesenden und eingespielten „Asozialen“, derweil diese abzuwarten hatten, wie über sie entschieden wurde. Der LINKE-Politikerin kam dabei die Rolle der Paria-Anwältin zu. Es würde doch niemand „aus Spaß“ erwerbslos sein, quälte sie sich zur Verteidigung der potenziellen Partei-SympathisantInnen heraus. Jeder Mensch wolle arbeiten.

Genau das müsste sie oder er dann aber auch endlich und selbstverantwortlich unter Beweis stellen, also in Angriff nehmen, war als Redebeitrag des FDP-Politikers vorgesehen. In diesem Land könnten es schließlich alle schaffen. Wenn sie nur wollten.
Aber jeder Mensch wolle doch, flehte die LINKE. Jeder Erwerbslose würde jede Arbeit annehmen. Zumindest die Erwerbslosen, die sie kenne. Und sie kenne zahllose derer.

Linke Phantasmen

So? Jeder Erwerbslose ist bereit, jede Lohnarbeit anzunehmen?
Und das, wo noch nicht einmal jede/r LINKE jede Lohnarbeit verrichten würde?
Nun, weiter im Showprogramm.
Hartz-IV-beziehende Fallbeispiele hatten die Sendung über zu schweigen, geringverdienende Fallbeispiele kamen einmal zu Worte. Und zwar um zu versichern, sie würden auch weiterhin jede Arbeit verrichten und das nicht nur aus Anstand, sondern auch, um den eigenen Kindern ein Vorbild zu sein.

Den eigenen Kindern ein Vorbild sein

Den eigenen Kindern von klein auf beizubringen, dass ihre Eltern nichts wert sind, also zu Recht „gering verdienen“ ist vorbildlich? Kindern von klein auf beizubringen, wer Herr und wer Hund ist, ist vorbildlich?
In keiner einzigen dieser Shows live aus dem Orkus intervenierte die LINKE-Politikerin. Nicht einmal riet sie den unterbezahlten Eltern, den Kindern Selbstbewusstsein, Selbstwertgefühl und Kritikfähigkeit beizubringen. Und deren Neigungen zu fördern. Nicht ein einziges Mal riet sie, Kindern beizubringen, sie sollten einen angemessen hohen Lohn im Tausch gegen Arbeit fordern. Sie riet nie, Kindern zu erklären, dass unternehmerisches Risiko nicht auf Lohnarbeitende abgewälzt werden könne, ohne diese zumindest vertraglich am Gewinn zu beteiligen. Auch riet sie den von Hartz IV betroffenen Gästen nicht, bevor man weitersprechen würde, die üblichen Umgangsformen einzufordern oder aufzustehen und das Studio zu verlassen. Was die LINKE-Politikerin aber stets tat war, zufrieden zu nicken, nachdem das unterbezahlte Fallbeispiel seinen Text aufgesagt hatte.

Sehen Sie, verehrte deutsche Nation, das meinte ich. Die wollen doch arbeiten!

Vordenker

Im Mai 2018 war ich in meiner Heimatstadt Berlin zu einer Podiumsdiskussion der Rosa-Luxemburg-Stiftung eingeladen, um mich mit ein paar sozialistischen Lohnarbeit-ApologetInnen über Sinn und Unsinn des bedingungslosen Grundeinkommens herumzustreiten.
Die Veranstaltung verlief, wie zahllose dieser Veranstaltungen verlaufen. Ein paar abgearbeitete ZeitgenossInnen fanden, dass andere es nicht besser haben sollten als sie. Es wurde geschimpft, dass Herr Y morgens, wenn Menschen mit Anstand zu ihrem Lohnarbeitsplatz aufbrächen, mit seinem Rauhaardackel spazieren ginge. Nach Einführung eines Grundeinkommens würden das alle so halten. Wer sollte noch arbeiten?
Bei mir kamen Bilder auf. Überall Menschen mit Rauhaardackeln. Die deutsche Bevölkerung ging nur noch wegen des Hundes vor die Tür. Alle, außer denen, die an diesem Tag mit auf dem Podium saßen. Die würden eisern die Stellung

halten an ihren Lohnarbeitsplätzen, die da waren ver.di-Büro und Universität.
Keine nennenswerten Vorkommnisse also auf dieser Veranstaltung. Alles wie immer.
Interessant war, was danach passierte.
Im Anschluss an Podiumsdiskussionen wird zumeist locker in kleinen Grüppchen weiter diskutiert. So auch dieses Mal.
Ein Mann um die 40, der sich mir nicht vorstellte, wollte mich unter vier Augen sprechen. Zwei Büchsen Bier hatte er schon nebenan vom Kiosk geholt. Wir setzen uns also auf die Bank vor dem Veranstaltungsraum, denn drinnen sollte der Getränkebestand des Hauses verkauft werden, und der war dem Mann eventuell zu teuer.

Flüchtlinge und Grundeinkommen?

Der Namenlose übergab mir eine Dose Bier und kam gleich zur Sache. Ob Flüchtlinge denn auch Grundeinkommen erhalten sollten?
Ich erklärte, dass ein bedingungsloses Grundeinkommen jede und jeder im Land Registrierte/r erhalten sollte; ich und viele GrundeinkommensaktivistInnen mit mir sähen die optimale Lösung allerdings in einem weltweiten Grundeinkommen, das

idealerweise in den ärmsten Ländern zuerst eingeführt werden sollte, wodurch viele Menschen erst gar nicht gezwungen würden, zu Flüchtlingen zu werden und sich somit den lebensgefährlichen Weg über Wasser oder Land sparen dürften.
Der Mann schüttelte den Kopf. Schwieg. Viele Flüchtlinge seien ja nun schon mal hier, erklärte er schließlich. Und für die müsste man Arbeit finden.
Mir kam der Gedanke, dass mein Gesprächspartner entweder bei der Arbeitsagentur oder einer ihrer Einrichtungen tätig war oder sich vielleicht in der Bildungsbranche selbstständig machen wollte. Flüchtlinge sind immerhin ein lukratives Geschäft für Deutschland. Bildungsmarkt, Containerbau, Feldbetten-Fabrikation – seit 2016 wurde von Regierungsseite nicht mehr über schwächelnde Binnenkonjunktur gejammert.
Zurück zum Gespräch mit dem Namenlosen. Er war inzwischen dabei, mir Strategien zu erläutern, wie man Leute, die in ihren Heimatländern wenig bis keine Bildung genossen hätten, in Arbeit brächte, für die sich in Deutschland keine Einheimischen mehr fänden. Besonders an Reinigungsjobs dächte er. Sanfter Druck,

war sein Vorschlag. Aber Druck müsse schon sein, arabische Menschen wären das schließlich so gewöhnt und wollten das auch hier nicht missen. In arabischen Ländern sei es üblich, den Tag über herumzusitzen, wenn niemand zur Arbeit antreiben würde. Nachts feiern, morgens ausschlafen. Pünktlichkeit kenne man in diesen Ländern nicht, weshalb dort auch nichts funktionieren würde. Ein bedingungsloses Grundeinkommen wäre für diese Menschen der völlig falsche Weg.

Jetzt mal Klartext

Ich musste jetzt doch nachfragen, in welchem Berufsbereich mein Gesprächspartner tätig war.
Er antwortete, dass er momentan eben dieses Konzept zur Beschäftigung von Flüchtlingen entwickle. Bald schon würde er Firmen und Unternehmen mit ins Boot holen. Für den Aufbau dieser freiberuflichen Tätigkeit, die ausgebaut werden und Arbeitsplätze auch in der Organisation schaffen sollte, würde er momentan noch vom Jobcenter unterstützt. Weil er zuvor 12 Jahre erwerbslos gewesen sei. Aber mit seiner Agentur, die auf die Vermittlung von

Flüchtlingen spezialisiert sein würde, wäre seine Erwerbslosigkeit Geschichte.

Ich hätte gern noch Fragen gestellt. Warum er 12 Jahre lohnarbeitslos gewesen sei? Freiwillig oder unfreiwillig? Warum er selbst keinen Reinigungsjob ausüben würde? Was seine Motivation sei, andere unter Einsatz von Druck dazu bewegen zu wollen?

Aber der Namenlose hatte offenbar kein Interesse mehr an der Fortführung des Gesprächs. Alles in seinen Augen Wichtige war wohl gesagt. Bevor ich den Mund aufmachen konnte, war er aufgestanden, quetschte seine leere Bierbüchse zusammen, warf sie in den Mülleimer und verabschiedete sich.

Weibliches Lohnarbeiten

Im Westeuropa des beginnenden 19. Jahrhunderts entstanden Lohnarbeitsmöglichkeiten außerhalb der Landwirtschaft.

Mädchen und Frauen, die aus bildungsfernen, weil armen Verhältnissen stammten und den Lebensunterhalt ihrer Familien mitverdienen mussten, gingen in Arzt-, Beamten- und Unternehmerhaushalten in den Dienst. Dort

kochten, putzten, bedienten, wuschen sie und versorgten die Kinder der ArbeitskraftnehmerInnen.
Frauen der höheren Stände lohnarbeiteten zu dieser Zeit in der Regel nicht. Ihre Aufgabe war es, die Dienstbotenschaft zu beaufsichtigen und Veranstaltungen zu Hause oder in der Gemeinde zu organisieren.
Wer bürgerlich geboren wurde, aber in einer Ehe nicht das passende Lebensmodell für sich sah oder arm geboren wurde, aber nicht im Bürgerhaus in den Dienst gehen wollte, konnte sich um die Aufnahme in ein Kloster bewerben. Auch dort fielen Haus- und Gartenarbeit an, die zum größten Teil von den Nonnen und Novizinnen selbst erledigt wurde. Zudem erteilten Nonnen aus höheren Bildungsschichten Unterricht. Und beteten. Ora et Labora lautete das Motto des Klosteralltags. Der Unfreiheit der bürgerlichen Frau oder der Schinderei der Frau aus armen Verhältnissen war auch im Kloster nicht zu entkommen.

Fabrik-Lohnarbeiterinnen

Mit Einzug der Industrialisierung in Westeuropa fanden arme Frauen auch Lohnarbeit in Fabriken. Höhere

Bildungsabschlüsse waren für zahllose Frauen unerreichbar, weil Schulen Geld kosteten beziehungsweise Mädchen und Frauen als Arbeitskräfte gebraucht wurden. Zwar bestand ab 1919 mit der Weimarer Verfassung allgemeine Schulpflicht in Deutschland, doch strikte Kontrollen, wie heutzutage üblich, gab es nicht.
So ist es wenig verwunderlich, dass Frauen aus bildungsfernen Ständen mehr noch als bürgerliche Frauen den Besuch einer Schule oder Universität und eine anschließende Berufstätigkeit in einem Bereich, der intellektuelle Fähigkeiten erforderte, als Akt der Emanzipation ansahen, selbst dann noch, wenn sie dazu auch weiterhin für den Haushalt und die Kindererziehung zuständig waren.

Bis heute hat sich daran wenig geändert.

Lohnarbeit in der Wissenschaft, im Lehrbetrieb oder im Arztkollegium einer Klinik gilt für viele Frauen weiterhin als ein Akt der Befreiung und eine Möglichkeit, sich Ansehen zu verschaffen. Dass dabei noch immer Stress und Doppelbelastung durch Haushalt und Kindererziehung bewältigt werden müssen, scheint der nicht anzutastende Preis dafür zu sein, nicht nur

zwischen anstrengender Lohnarbeit und stupider Hausarbeit wählen zu wollen. Gleichwohl lohnarbeiten nach wie vor zahllose Frauen in Bereichen, die anstrengend, gesundheitsgefährdend, schmutzig sind. Meistens, weil ihnen nichts anderes übrig bleibt.
Wie bereits unter **S** erwähnt, gilt in Deutschland, und zwar auch in linken und LINKEN Kreisen dass "sozial ist, was (Lohn)Arbeit schafft". Im Umkehrschluss bedeutet das, dass jede Lohnarbeit gut ist. Auch solche Lohnarbeit, bei der die Lohnarbeiterin nicht nur ihre Arbeitskraft vermietet, sondern sogar ihren Körper gegen Lohn zur Verfügung stellen muss.

Prostitution

Nicht nur im übertragenden Sinn, sondern im wahrsten Sinne des Wortes, ist für die Prostituierte jede Grenze zwischen der Lohnarbeit und demjenigen, der die Lohnarbeit oder in diesem Fall den LohnarbeiterInnenkörper mietet, aufgehoben. Man darf Prostitution somit als Königsdisziplin kapitalistischer Ausbeutung bezeichnen.

Linke und LINKE zum Thema Prostitution

Wie halten es Linke und LINKE mit dieser Form allumfassender Verfügbarkeit?
Nehmen wir die Partei Die LINKE. Dort lautet eine von der Mehrheit der Mitglieder vertretene Position, dass Prostitution, euphemistisch als Sexarbeit bezeichnet, eine Arbeit wie jede andere wäre.
Diejenige, der nichts anderes mehr übrig bleibt, als ihren Körper gegen Lohn zur Verfügung zu stellen, ist laut Linke und LINKE eine Sexarbeiter*in. Will man zynisch sein, kann man Linken und LINKEN hier Konsequenz attestieren, denn die Prostituierte ist das Produktionsmittel in Person.

Aber nur auf den ersten Blick

In der Partei Die LINKE spricht man sich gegen den Kapitalismus aus, wo immer das Volk es hören will oder auch nicht. Man findet aber offenbar nichts dabei, dass derjenige, der sich im Sinne des Systems Kapitalismus geschickt verhält, über den Körper derjenigen verfügen darf, die sich im System Kapitalismus aus zahlreichen Gründen wie beispielsweise Sozialisation zur Rücksichtnahme und Bescheidenheit, Kindererziehung oder Geburt in einem Land, in dem die Frau Leibeigene des Mannes ist, gar nicht erfolgreich verhalten kann.

Ungeachtet der zahllosen Frauen, die Monat für Monat unter falschen Versprechungen aus Ländern ohne Sozialsystem nach Deutschland geschleppt werden und hier aufgrund der großzügigen Regelungen in Sachen Prostitution in Bordellen verschwinden, hält man in der LINKEN die „Sexarbeit“ hoch, betont aber, Zwangsprostitution zu verurteilen. Dass die Positionierung gegen Zwangsprostitution im Widerspruch steht zur Haltung, nach der Prostitution eine Lohnarbeit wie jede andere sei, übersehen linke und LINKE Sexarbeit-ApologetInnen – oder wollen es übersehen. Zwang ist der Prostitution immanent. Ohne Zwang gäbe es keine Prostitution, denn mit den wenigen Prostituierten, die erklären, ihre Tätigkeit gern und freiwillig auszuüben, wäre kein Milliardengeschäft zu machen, wie es jedoch in Europa und gerade in Deutschland gemacht wird. Zum Thema Freiwilligkeit ist hinzuzufügen, dass das, was man aus freier Entscheidung tut, dennoch immer im gesellschaftlichen Kontext betrachtet werden muss. Freiwillige

Prostitution innerhalb des kapitalistischen Systems zu betrachten heißt, Frauenarmut und Frauenunterdrückung mit zu betrachten. Keine Millionärin würde tagtäglich mehrmals ihren Körper für Beträge um teilweise 20 Euro und darunter zur Verfügung stellen.

Schwedisches Modell

Das sogenannte Schwedische Modell, also die Bestrafung von Freiern, wie in skandinavischen Ländern praktiziert, wird von linken und LINKEN Sexarbeit-ApologetInnen häufig mit der Begründung abgelehnt, es würde Prostituierte bei der Arbeit behindern. Man fürchtet, dass Sexkäufer sich abgeschreckt fühlten, wenn die Gefahr bestünde, ertappt und zu einer Geld- oder Freiheitsstrafe verurteilt zu werden. Linke und LINKE Sexarbeit-BefürworterInnen betrachten Prostitution also aus der Perspektive des wirtschaftlich überlegenen Sexkäufers und nicht aus der Perspektive der Prostituierten, der mit diesem Gesetz zumindest eine – wenn auch nicht ausreichende – Form der Sicherheit zugestanden wird. Linke und LINKE, ansonsten Arbeiterinnenrechte hochhaltend, verwehren der Prostituierten somit sogar die

Möglichkeit, den Sexkäufer anzuzeigen, falls er sich nicht angemessen benimmt, was immer man in einer Situation, in der jemand einen Körper zu mieten in der Lage ist beziehungsweise in der jemand den eigenen Körper zu vermieten gezwungen ist, unter angemessenem Benehmen versteht.

Vermittlung beim Arbeitsamt?

Die logische Konsequenz der Betrachtung, Prostitution ist gleich Lohnarbeit wie jede andere, wäre, Sexdienstleistungen als zumutbare Lohnarbeit über das Arbeitsamt zu vermitteln. Würde die Erwerbslose dies ablehnen, hätte sie mit Kürzungen des Arbeitslosengeldes zu rechnen. Bereits heute (Stand Sommer 2019) berichten viele Prostituierte, dass ihre Bestrebungen aus der Prostitution auszusteigen, beim Arbeitsamt oder Jobcenter nicht unterstützt werden. Im Gegenteil werden die Frauen aufgefordert, sich innerhalb der „Branche“ eine andere Betätigung wie beispielsweise Peepshow oder Pornofilmdreh zu suchen.
2016 ging der Fall einer Physikerin, die in der Kinderbildung arbeitete, aufstockend Hartz IV bezog und deshalb aufgefordert wurde, sich als Vollzeit-Verkäuferin in einem Erotik-Shop zu bewerben, durch die

Berliner Tageszeitungen. Die junge Frau lehnte dies ab, daraufhin wurde ihr die Unterstützung gekürzt. Erst als sich die Presse einschaltete, wurde die Sanktion des Jobcenters zurück genommen.
Die Berliner Partei Die LINKE äußerte öffentlich Empörung ob dieses Falls. Was für eine verlogene Farce! Genau an diesem Fall zeigt sich in der Praxis, was es bedeuten würde, Prostitution beziehungsweise Lohnarbeit im Sexgewerbe als Lohnarbeit wie jede andere anzuerkennen. Es handelte sich dann schlicht und einfach um eine zumutbare Beschäftigung, nach §140 SGB III, Absatz 1 und Absatz 5, der keinen einzigen Hinweis auf eine Möglichkeit enthält, eine Beschäftigung im Sexgewerbe abzulehnen.

Und bei den Schwulen?

Da auch homosexuelle Männer Sexkäufer sind, müsste die Prostitution-ist-Arbeit-wie-jede-andere-Fraktion in der Partei Die LINKE konsequenterweise dafür sein, junge Männer über Arbeitsagenturen in diese Tätigkeit zu vermitteln. Über derartige Ansätze ist nichts bekannt. Recherchiert man zum Thema „Die LINKE und männliche Prostitution“ finden sich im

Gegenteil lediglich Verurteilungen und Empörung, und zwar in Bezug auf den sogenannten Flüchtlingsstrich im Berliner Tiergarten, wo geflüchtete Männer, zumeist ohne Aufenthaltserlaubnis für Deutschland, sich zu Spottpreisen Homosexuellen anbieten (müssen). Die linke und LINKE Empörung darüber ist verständlich, was die gleichzeitige linke und LINKE Beschönigung weiblicher Prostitution nur umso unverständlicher macht.
Die einzige humane Antwort auf Prostitution heißt, Sexkäufer zu bestrafen. Darüber hinaus muss präventiv in der Erziehung von Mädchen endlich höchstes Ziel sein, Selbstwertgefühl, Selbstliebe und Kritikfähigkeit auszubilden. Wer um seinen Wert weiß, verkauft seine Arbeit nicht unter diesem. Und den eigenen Körper sowieso nicht.

se**XY**

„Berlin ist arm aber sexy"
Klaus Wowereit, 2001 bis 2014 regierender Bürgermeister von Berlin

Man beklagt Kapitalismus, Ausbeutung und Gentrifizierung – und beschwört den Geist der ArbeiterInnenschaft hinauf.

Das ist arm, aber sicher nicht sexy. Juliane Beer

Ein Redebeitrag, den ich auf Einladung der Aktionsgruppe Staub zu Glitzer am 6. Juli 2019 um 19 Uhr beim Alternativen Volksbühnen-Gipfel im Kulturzentrum *Mensch Meier* zu halten beabsichtigte. Dazu kam es jedoch nicht. Die GastgeberInnen – BesetzerInnen der Volksbühne am Berliner Rosa-Luxemburg-Platz im Spätsommer 2017 – waren mit der Bühnenorganisation heillos überfordert. Auch das kann passieren. Unter Menschen, die sich als links-anarchistisch bezeichnen, weiß niemand, was sie und er zu tun hat, weil kein/e ChefIn im Hintergrund lauert. Chaos kann ausbrechen. Und es brach aus. Gegen acht kam mir die Erkenntnis, dass dieses nicht mehr in den Griff zu kriegen wäre.
Ich verabschiedete mich unverrichteter Dinge und ging ins Kino. Hier nun der Vortrag, der nicht gehalten wurde.

Der abgetakelte Glanz der ArbeiterInnenromantik (die nie eine war)
Die Volksbühne Berlin (vormals Volksbühne am Rosa-Luxemburg-Platz) entstand 1890 während einer

Gründungsversammlung des Vereins Freie Volksbühne. Spenden der Mitglieder, sogenannte „Arbeitergroschen“ finanzierten den Bau.
Ab 1947 wurde das Haus als *Volksbühne* unter der Hoheit des Freien Deutschen Gewerkschaftsbunds bespielt.
Unter dem neunzehnten Intendanten Frank Castorf sorgte das Theater seit 1992 für Skandälchen, es waren die typischen 1990er-Aufreger mit Christoph Schlingensief und Co.
Modernes Theater eben, aber immer gepaart mit der verklärten Romantik des Revolutionsgeistes der ArbeiterInnenschaft.
2017 trat Chris Dercon auf den Plan, Nachfolger von Castorf. Die Gruppe Staub zu Glitzer entstand.
Deren Ansinnen ist es, soviel ich verstanden habe und grob zusammengefasst, das Theater nicht zu einer der vielen Berliner Bühnen zu machen, sondern es für die freie Szene zu erhalten.
Keine Frage, es ist gut, etwas für die freie Szene zu tun. An der Volksbühne indes sah man unter Castorf SchauspielerInnen und RegisseurInnen, die entweder unter der Marke *Krawall* längst zum etablierten Berlinbetrieb gehörten oder aufgrund anderer Produktionen bereits einen Namen

hatten. Ein Blick in Wikipedia reicht aus, dort wird das Who is who der Szene aufgeführt. Alle bekannt. Und die wollten alle mal die Volksbühne bespielen, um sich den Schweißhauch des ArbeiterInnengeistes um die Nase wehen zu lassen.
Nun beklagt ihr, Staub zu Glitzer, die Gentrifizierung der Stadt. Da bin ich völlig bei euch. Aber was für eine Gentrifizierung beklagt ihr in Bezug auf die Volksbühne? Wer von euch ist von der Volksbühne vertrieben worden? Wer von euch hat unter Castorf an der Volksbühne inszeniert oder gespielt und darf das jetzt nicht mehr? Meine Erinnerung muss mich völlig im Stich lassen, wenn die Volksbühne je ein Ort war, an der jede und jeder, die oder der außerhalb des etablierten *Berlin-ist-spannend*-Betriebs steht, sich verwirklichen durfte.
No-name-SchauspielerInnen, Self-Made-RegisseurInnen, die sich ausprobieren wollten? Nicht an der Volksbühne. Dafür gab und gibt es in Berlin Laien-Zimmertheater in Bezirksfreizeitzentren und Volkshochschulen. Zu denen weist allerdings kein Reiseführer. Auch kein alternativer.
So habe ich das Ansinnen der Gruppe Staub zu Glitzer nie verstanden.

2017, als besetzt wurde, stand ich abends auf dem Rosa-Luxemburg-Platz neben einer Journalistin und einem Aktivisten von euch. Sie fragte ihn, welche Inszenierung er denn einst an der Volksbühne gesehen hätte, die ihn bis heute beeindruckte. Er antwortete, er sei unter Castorf nie hier gewesen. Die Journalistin verdrehte vielsagend die Augen. Ich nicht. Es ist kein Verbrechen, die Volksbühne nicht zu besuchen. Krawall, und zwar um einiges authentischer, gibt und gab es überall in der Stadt zu sehen, und zwar umsonst. Was der Besetzer hinzufügte, hat mich aber bis heute verstört – und die Journalistin offenbar nicht. Er sagte, er wolle den alten Arbeitergeist des Hauses erhalten.

Alter Arbeitergeist, aha. Spukt es an der Volksbühne? Oder meinte er etwa die vergilbte ArbeiterInnenromantik? Meinte er das Andenken an die vom Deutschen über alles geliebte Disziplinierungsmaßnahme Lohnarbeit?

Marx, der sich nie eindeutig äußerte, sondern Arbeit sowohl als Zumutung als auch als Naturnotwendigkeit sah, erspare ich euch hier. Die, die von ArbeiterInnenromatik schwärmen, haben ihren Marx gelesen. Vermute ich.

Vor Marx war Christenheit, man fand, niemand solle essen, wenn er nicht arbeitete.
Noch davor waren die alten Römer, wo niemand der etwas auf sich hielt, und schon gar niemand, der Kunst machte, lohnarbeitete. Lohnarbeiten mussten niedere Stände und Frauen. Überaus romantisch, besonders für die Betroffenen.
Die Nazis griffen in Sachen Arbeit noch mal die Christen auf.
Dann, im russischen Verwaltungssektor Deutschlands durften die Menschen zwar lohnarbeiten und die Volksbühne besuchen, aber revoltieren durften sie nicht.
Linke TheoretikerInnen und ArbeiterInnen haben häufig ein unterschiedliches Bild von der Sache Lohnarbeit. Der linke Theoretiker möchte, dass die Arbeiterin ihm die Kleidung näht, die städtischen Beete bepflanzt und die Toilette putzt, damit er es nicht tun muss. Er braucht seine Zeit, um Pamphlete zu verfassen, in denen er sich wünscht, dass die Arbeiterin die Drecksarbeit mit Stolz, mit Arbeiterinnenstolz verrichtet. Die Arbeiterin aber macht die Drecksarbeit nicht zur Pflege des Stolzes, sondern um ihre Familie zu ernähren und weil man ihr seit Generationen eintrichtert, dass es für sie ganz normal sei,

anderen den Dreck wegzuputzen und dafür überleben zu dürfen. Sie ist in der Regel froh, wenn sie die Drecksarbeit nicht mehr machen muss, weil sie im Lotto gewonnen hat und jetzt auf Mallorca die Sause machen kann, was dem Linken wiederum nicht gefällt, ihr wisst schon, Flugreisen, Umweltverschmutzung und Mallorca soll nicht zugemüllt werden. Die beiden, Arbeiterin und Linker kommen also in der Regel nicht zusammen, so bleibt er theoretisch und sie praktisch.
Aus diesem Verhältnis wurde nie eine feste Beziehung und als die AfD antrat, machte ein Großteil der ArbeiterInnen endgültig Schluss mit der LINKEN.
Die LINKE suchte nach neuen Pflegekindern, entdeckte eine Religion für sich, versucht, unter Reaktionären zu fischen. Ende offen. Aber das soll nicht Thema sein. Auch prekär lebende Berliner KünstlerInnen sind für die LINKE interessant. In Berlin kann die LINKE hier ein paar Stimmen ergattern. Warum eigentlich? Von der LINKEN haben prekär lebende KünstlerInnnen so wenig zu erwarten wie von der CDU, den Grünen oder der SPD, die zumindest allesamt wissen, dass sie sich erst gar nicht anzuwanzen brauchen. Die LINKE aber

erwartet von den Prekären – sie erwartet deren Stimmen, um mitregieren zu können und weiß selbst nicht mehr für wen.
Zurück zur Volksbühne. Ich möchte auf die Besetzung 2017 zurückkommen. Protest-Veranstaltungen sind längst zum im Reiseführer eingepreisten Programm geworden. Solche Events sind kalkuliert. Aber selbst in der Postmoderne muss man beim Revoltieren und Jammern gewisse Regeln beachten, die Presse kommt nicht für jede und jeden, und wenn sie kommt und guckt, heißt es nicht, dass sie auch berichtet. In Berlin hauen zu viele arme LebenskünstlerInnen und aus Wohnungen und Ateliers Vertriebene auf den Putz, die Presse kann die auswählen, die sich am unterhaltsamsten präsentieren. Ganz fernab des Bürgerlichen darf es auch nicht sein.
So ist es einerseits verwunderlich, dass die Presse nicht positiver auf die Revoltierenden in der Volksbühne reagierte, denn es fiel doch das Zauberwort Arbeitergeist. Aber vielleicht hat man dem Besetzer seine Arbeitsbegeisterung nicht abgenommen, in den Medien taucht hin und wieder der Hinweis auf, über die Hälfte der in Berlin Kunsttätigen lebe von Hartz IV, unter SpezialistInnen Kunsthartz genannt. Warum sind die Leute faul? Man kann doch

neben künstlerischer Betätigung lohnarbeiten gehen? Man kann sich nach Feierabend künstlerisch betätigen. Usw. Wir kennen diese Litanei.
Ich komme mal auf den Punkt.
Nein, natürlich will ich die Volksbühne nicht abreißen lassen, nicht entehren, nicht entweihen, nicht in die Luft sprengen. Sie soll stehen bleiben. Als Mahnmal. Ich habe Hoffnung, dass in Zeiten, da Roboter operieren, Busse selbstständig fahren, 3D-Drucker Bauteile für Wohnungen anfertigen, eines der letzten Relikte aus dunklen Vorzeiten abgeschafft wird. Sprich, ich habe Hoffnung, dass Betätigung vom Einkommen und damit von der Lebensberechtigung des Menschen entkoppelt wird.
Nun meine Frage an die Gruppe Staub zu Glitzer. Warum hängt euer Herz an einer Bühne, der der Muff der Arbeiterinnenromantik anhaftet, die nie eine Romantik war, zumindest nicht für die ArbeiterInnen?
Die von euch, die es im Kunstbetrieb immer noch nicht geschafft haben, wie man so bezeichnend sagt, werden nie auf dieser Volksbühne auftreten. Sicher, vielleicht räumt man euch einen Selbsterfahrungsnachmittag im Monat ein,

der dann gnädig im Berlin-Mitte-Wochenblatt als *interessant* bezeichnet wird. René Pollesch hat gesagt, ohne die BesetzerInnen geht es nicht. Und ihr jubelt. Ihr kriegt euren Nachmittag. Erst mal. Dann mal sehen. Independend ist eine Marke. Alles ist eine Marke, wir leben schließlich im Kapitalismus. Pollesch, der sich als antikapitalistisch bezeichnet, muss die Marke Independend im Programm haben. Aber eine Marke muss laufen und Geld einfahren oder zumindest die Unkosten decken, und wenn sie das nicht tut, finden sich andere, die ihren Selbsterfahrungsnachmittag kriegen. Wollt ihr das?
Könnt ihr das nicht auch in anderen Räumen in der Stadt haben, die seit Jahren leerstehen, die ihr besetzen und herrichten und gestalten könntet, wie ihr es mögt? Über die ihr mit Kultursenator Lederer Verhandlungen führen könntet? Der Mann will eure Stimme für die LINKEN. Ein bisschen was würde er schon für euch tun, wenn ihr das leerstehende Finanzamt von Wittenau besetzen und einen wirklich alternativen, selbstverwalteten Ort daraus machen würdet, wo euch niemand euren Nachmittag zuteilt. Darüber wäre mit dem Senat zu verhandeln. Die SPD windet sich

im Todeskampf, die Grünen wollen noch ein bisschen die Kings und Queens bleiben. Sucht euch einen Ort, wo ihr und eure GenossInnen bestimmen können. Einen Ort, an dem man nicht so tun muss, als wäre Lohnarbeit in irgend einer Weise romantisch oder toll. Sucht euch einen Ort, an dem nicht ab nächstem Monat wieder die Nachkommen von Schlingensief vom Theaterbau in Afrika künden dürfen. Einen Ort, wo tatsächlich Kunstexperimente stattfinden – und mögen die auch in den Augen einiger so dilettantisch sein, dass sie nicht mal für Werbung für die wilde Stadt Berlin taugen. Die es längst nicht mehr gibt und auch nicht mehr geben wird, wenn wir uns nach den Regeln derer richten, die Armut oder Revolution als Touristenevent vermarkten.
Revolution ist nicht, zu bitten, unter den Castorfs und Polleschs und Derkons dieser Welt Faxen machen zu dürfen. Revolution wäre, nicht unter ihnen aufzutreten. Kollektiv. Konsequent. Die Zustände auf dem Kunst- und Kulturmarkt schreien danach. Sollen die Derkons und Polleschs und Castorfs auf der Bühne selbst Faxen machen. Es ist höchste Zeit, dass wir uns eigene Räume organisieren.

Zupacken
oder: eine Haushälterin, die weiß, was sie wert ist und kein Hehl daraus macht

In der amerikanischen Sitcom Two and a half men (synchronisiert unter gleichem Titel in Deutschland beim Privatsender Pro 7 zu unterschiedlichen Sendezeiten zu sehen) geht es um den Alltag von zwei Brüdern, einem Sohn beziehungsweise Neffen und einer Haushälterin.

Charlie Harper (Charlie Sheen) ist Komponist in der Werbebranche und verdient gut. Er bewohnt ein Strandhaus in Malibu; sein Leben dreht sich um Sex mit wechselnden PartnerInnen und Alkohol. Eines Tages nimmt er seinen Bruder Alan (Jon Cryer) bei sich auf, weil dieser, frisch geschieden, noch keine neue Bleibe hat. Alan ist nach amerikanischer Lesart ein Loser, seine Chirotherapie-Praxis läuft schleppend, gut situierte PatientInnen hat er nicht. Da Alan rasch klar wird, dass er mit seinen Möglichkeiten nie ein Haus wie das seines Bruders bewohnen wird, gibt er die Wohnungssuche mehr oder weniger offiziell auf. Aus der Übergangslösung wird ein Dauerzustand, zudem ist an den Wochenenden Alans Sohn Jake (Angus T.

Jones, zu Beginn der Serie 9 Jahre alt) im Haus.
Sechsmal pro Woche erscheint morgens die Haushälterin Berta (Conchata Ferrel). Sie putzt, kocht, wäscht. Wenn sie nach Hause fährt, ist es, der Kulisse nach zu urteilen, schon Abend. Einen Nachnamen hat Berta in der Sitcom nicht, wie es bei Frauenrollen, besonders bei solchen von Frauen niederer Stände, nicht selten üblich ist. Die Besonderheit in der Sitcom Two and a half men ist allerdings, dass Berta kein leiser, unterwürfiger, dankbarer Hausgeist ist, sondern vielmehr eine resolute Persönlichkeit. Nicht nur Körpergröße und -fülle, unaufhörlicher Sarkasmus und der ihr vorauseilende Ruf, mit einer Hand den Herd anzuheben und mit der anderen Hand die Maus darunter zu erschlagen, belegen das. Berta agiert und kommuniziert so, als habe sie die Befehlsgewalt im Haus. Ist sie krank, entscheidet sie eigenmächtig, trotzdem an ihrem Lohnarbeitsplatz zu erscheinen, legt sich aber hier aufs Sofa und kuriert sich aus, weil sie laut Arbeitsvertrag nur bei Anwesenheit ihr Gehalt erhält. Nach einer feuchtfröhlichen Nacht auf der Strandhausterrasse wacht sie neben Charlie im Bett auf, nicht etwa, weil sie Sex mit ihm hatte, sondern weil sie zu betrunken

war, nach Hause zu fahren. Für Extraaufgaben verlangt sie sofort Extrabezahlung. Sie baut sich neben ihrem Chef auf, bis der die gewünschte Anzahl Dollarnoten aus der Hosentasche zieht und sie ihr übergibt.
Daran, dass Berta für die Brüder überlebenswichtig ist, besteht kein Zweifel. Charlie und Alan räumen es ein oder beweisen es. An Bertas freiem Tag will Charlie Wäsche waschen, was daran scheitert, dass er nicht einmal die Öffnung der Waschmaschine findet.
Berta ist unentbehrlich, sie weiß es und sie agiert so. Sie erledigt ihre Aufgaben im Haus zwar, aber so, wie sie es für richtig hält. Im Befehlston lässt sie nicht mit sich reden. Den nach einer Party vollgekotzten Papierkorb des pubertierenden Jake trägt sie in die Küche. Während ihre Brotherren frühstücken. Sie wird den Papierkorb nicht sauber machen.
Wenn Berta schlechte Laune hat, tut man überhaupt gut daran, sie gar nicht erst anzusprechen.

Gewerkschaft

Huldigt Berta in der Sitcom Two and and a half men linken KämpferInnen für

Lohnarbeit, die es auch in Amerika gibt? Droht sie den Männern gar mit der Gewerkschaft?
Nein. Dafür signalisiert sie in jeder Szene, dass sie um ihre Unentbehrlichkeit weiß. Die Gags in sämtlichen Szenen, in denen Berta mit den zweieinhalb Männern interagiert, bauen auf der immer gleichen Grundsituation auf, nämlich der, dass eine Lohnarbeiterin ihren und den Wert ihrer Arbeit kennt, sich entsprechend präsentiert und respektloses Verhalten nicht duldet. Die beiden Männer und der Junge sind die Bittsteller, nicht sie. Natürlich, die Männer könnten sich eine andere Haushälterin suchen, das würde aber an ihrem Grundproblem – Abhängigkeit von einer Haushälterin – nichts ändern. Da ist es doch eigentlich selbstverständlich, dass man die, von der man abhängig ist, gut behandelt. Und Charlie, Alan und Jake tun es. Sie sind jederzeit darauf bedacht, Berta nicht zu verärgern.
Warum ist eine derartige Selbstverständlichkeit Stoff für Satire?
Und bis Computer und Roboter endlich sämtliche schmutzige, unangenehme Arbeit übernehmen – **warum sind wir nicht alle ein bisschen mehr Berta?**

Und hier, wie angekündigt, die Literaturliste zum Thema Grundeinkommen:

Abenthung, Bernhard: Bedingungsloses Grundeinkommen und Anreizformen auf dem Arbeitsmarkt. Saarbrücken, 2012.

Adamo, Nils: Bedingungsloses Grundeinkommen : Sozialromantik oder Zukunft des Sozialstaats? Darmstadt, 2012.

Allex, Anne ; Rein, Harald (Hrsgg.): Den Maschinen die Arbeit … uns das Vergnügen! : Beiträge zum Existenzgeld. Neu-Ulm, 2011.

Althaus, Dieter ; Binkert, Hermann (Hrsgg.): Solidarisches Bürgergeld : Den Menschen trauen : Freiheit nachhaltig und ganzheitlich sichern. Norderstedt, 2010.

BAG der Sozialhilfeinitiativen (Hrsg.): Existenzgeld für alle : Antworten auf die Krise des Sozialen. Neu-Ulm, 2000.

Basic Income Grant Coalition: Der entscheidende Unterschied : Das Grundeinkommen in Namibia . Basic Income Grant Pilot Project : Forschungsbericht, April 2009. Berlin, 2011.
Bauer, Max: Ubi Utopia? : Verfassungsrecht und Grundeinkommen. Dissertationsschrift, Münster, 2017.

Berger-Lenz, Monika: Das bedingungslose Grundeinkommen aus soziologischer Sicht. München, 2008.

Berger-Lenz, Monika ; Christopher Ray: Bedingungsloses Grundeinkommen * Jobs on Demand : oder : Taschengeld statt Hamsterrolle. Berlin, 2010.

Bergmann, Stefan: In zehn Stufen zum BGE : Über die Finanzierbarkeit und Realisierbarkeit eines bedingungslosen Grundeinkommens in Deutschland. Norderstedt, 2014.

BIEN-Schweiz (Hrsg.): Die Finanzierung eines bedingungslosen Grundeinkommens. Zürich, 2010.

Bischoff, Joachim: Allgemeines Grundeinkommen : Fundament für soziale Sicherheit? Hamburg, 2006.

Blankenagel, Werner: Geschichte des Grundeinkommens. Berlin, 2012.

Blaschke, Ronald ; Praetorius, Ina ; Schrupp, Antje (Hrsgg.): Das Bedingungslose Grundeinkommen : Feministische und postpatriarchale Perspektiven. Sulzbach/Taunus, 2016.

Blasge, Christian: Idealtheorie und bedingungsloses Grundeinkommen : Konzept, Kritik und Entwicklung einer revolutionären Idee. München, 2016.

Bohmeyer, Michael ; Cornelsen, Claudia: Was würdest Du tun? : Wie uns das Bedingungslose Grundeinkommen verändert : Antworten aus der Praxis. Berlin, 2019.

Bollmann, Marianne: Der starke Bürger : Ein Weg aus allen Krisen. Schacht-Audorf, 2012.

Booms, Martin: Ideal und Konzept des Grundeinkommens : Zur Struktur einer über sich selbst hinausweisenden Idee. Karlsruhe, 2010.

Braun, Ilja: Grundeinkommen statt Urheberrecht? : Zum kreativen Schaffen in der digitalen Welt. Bielefeld, 2014.

Büchele, Herwig ; Wohlgenannt, Lieselotte: Den ökosozialen Umbau beginnen : Grundeinkommen. Wien, 1990.

Das linke Grundeinkommen-Konzept, Neuigkeiten rund ums Thema sowie Möglichkeiten, sich zu beteiligen, wenn man dies möchte, findet man im Netz unter

die-linke-grundeinkommen.de

Wöchentlich neue Artikel zu anti-emanzipatorischen Umtrieben in Deutschland und anderswo auf der Welt recherchiert von Birgit Gärtner, Journalistin und Autorin und Juliane Beer, Autorin und Aktivistin für ein weltweites Grundeinkommen findet man im Netz unter

frauenstandpunkt.blogspot.com

...und wer gepflegte Unterhaltung zum Thema Arbeit schätzt:

Juliane Beer

Arbeit kann zu einem langsamen und schmerzhaften Tod führen

Verlag Edition Schwarzdruck, Berlin 2010

ISBN 978-3935194358

Frau Paesch, Beraterin im Jobcenter Berlin-Neukölln, versucht ihre Kunden davon abzuhalten unterbezahlte Arbeit anzunehmen. Lieber faul sein. Sich verweigern. Bis die Ausbeuter zur Vernunft kommen und einen anständigen Lohn zahlen. Doch Frau Paeschs Klientel will arbeiten, um jeden Preis, zur Not sogar umsonst. Da Frau Paesch für derart unappetitliche Aktionen nicht zu haben ist, aber keine gut bezahlten Jobs im Angebot hat, eröffnet sie heimlich an ihrem Schreibtisch eine Schwarzarbeit-Agentur. Bedauerlicherweise gibt es plötzlich Tote ... Edition Schwarzdrucks schöngeistiger Beitrag zur "Reform" von Hartz4.